《连城客家品牌文化》编辑委员会

连城客家文化丛书

12

品牌文化

林百坤 主编

连城县客家研究联谊会 编

厦门大学出版社
XIAMEN UNIVERSITY PRESS
国家一级出版社
全国百佳图书出版单位

图书在版编目(CIP)数据

连城客家品牌文化/林百坤主编;连城县客家研究联谊会编.—厦门:厦门大学出版社,2019.11

(连城客家文化丛书;12)

ISBN 978-7-5615-7659-5

Ⅰ.①连…　Ⅱ.①林…②连…　Ⅲ.①客家人—民族文化—连城县　Ⅳ.①K281.1

中国版本图书馆 CIP 数据核字(2019)第 261270 号

出 版 人　郑文礼
责任编辑　章木良
装帧设计　张雨秋
技术编辑　朱　楷

出版发行　厦门大学出版社
社　　址　厦门市软件园二期望海路 39 号
邮政编码　361008
总　　机　0592-2181111　0592-2181406(传真)
营销中心　0592-2184458　0592-2181365
网　　址　http://www.xmupress.com
邮　　箱　xmup@xmupress.com
印　　刷　厦门兴立通印刷设计有限公司

开本　720 mm×1 000 mm　1/16
印张　15
插页　2
字数　230 千字
版次　2019 年 11 月第 1 版
印次　2019 年 11 月第 1 次印刷
定价　82.00 元

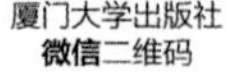

厦门大学出版社
微博二维码

■ 钟勇强

近年来，连城客家研究联谊会紧紧围绕“深化客家研究，拓展客家联谊，传承优秀文化，弘扬客家精神，打响客家祖地牌”的奋斗目标，自觉肩负起促进客家事业发展的责任使命，积极投身到客家文化研究及客家联谊活动中，紧密团结海外客属华侨和华人，宣扬客家优秀文化和不朽精神，坚定不移地做客家优秀文化的守护者、客家优秀文化的发掘者和客家优秀精神的弘扬者，为推动连城客家事业的蓬勃发展做出了积极贡献。

《连城客家品牌文化》的出版，是连城县客家研究联谊会研究中的又一重要成果，是对连城底蕴深厚的客家文化及其精髓的深入挖掘，充分展示了客家文化独特魅力，凸显了客家文化的精神价值，对于我们宣介连城，更好地继承和发扬“不忘祖根、勤劳智慧、拼搏进取”的客家人精神，增强连城文化自信，促进“美丽连城、创业连城、幸福连城”建设，推动连城高质量发展落实赶超具有重要意义。

全书共由魅力连城篇、名镇名村篇、文物“非遗”篇、山水名胜篇、美食名菜篇、地理标志篇等 6 部分内容组成，涵盖了连城特色鲜明的地方物产、地域独特的乡土风情、山水秀丽的自然风光、声播四方的传统美食等，汇集了连城特色品牌，展现了连城客家风情，积淀了连城优秀文化。本书集中介绍了红心地瓜干、连城白鸭、兰花等久负盛名的特色农业品牌，红衣花生、铁皮石斛等 8 个地理标志产品，世界 A 级自然保护区——梅花山以及冠豸山、培田古村落、天一温泉度假村等 3 个国家 AAAA 级旅游景区等旅游品牌，呈现了被称为“乡村狂欢节”的走古事、“天下第一龙”的姑田游大龙等 7 项国家非物质文化遗产和 2 项吉尼斯世界纪录，展现的客家民俗多姿多彩，充分体现出了这片客家土地物华天宝、人杰地灵。

客家人历经千百年来对中原传统文明的坚持坚守、千万里辗转迁徙途中对各地良风美俗的兼收并蓄以及和当地原住民的交流融合，沉淀了源远流长、博大精深、异彩纷呈的连城文化，留下了“开拓进取、艰苦奋斗、崇文重教、爱国爱乡”的客家文化，留下了“北回归线荒漠带上的绿色翡翠”的绿色文化，留下了“廊桥横跨、民居错落”的古色文化，留下了“红四军新泉整训基奠军魂”的红色文化。这些不仅是客家先辈为我们留下的弥足珍贵的历史文化瑰宝，更成为鼓舞连城人民团结一心、开拓进取、艰苦奋斗的一种精神力量，为我们创造新生活、开创新事业注入一股强劲发展动力。

最后，衷心感谢连城县客家研究联谊会的各位同志，精心编辑出版了《连城客家品牌文化》一书。希望县客家研究联谊会再接再厉，发动更多的有识之士参与到连城客家文化研究的工作中来，挖掘出更多的宝贵连城文化，编写出更多的连城文化精品著作，为连城文化事业繁荣发展贡献力量。

（序者系中共连城县委书记）

目录

魅力连城篇

名镇名村篇

文物“非遗”篇

山水名胜篇

美食名菜篇

地理标志篇

后记

魅力连城篇

中国红心地瓜干之乡

▪ 江仁福

福建省连城县地处福建省龙岩市西北部，是著名的革命老区、中央苏区县，客家祖地，属于典型的丘陵山区农业县。连城县山川秀丽，倚仗得天独厚的水、空气、土壤等良好自然环境，盛产红心地瓜，加工红心地瓜干已有300多年的历史。早在清朝乾隆年间，连城红心地瓜干已作为贡品进入皇宫，由御内大厨把它做成宫廷宴席上的珍贵名点，命名为“金薯片”。20世纪60年代，外贸部门以其为著名的“闽西八大干”之一经营出口，连城红心地瓜干在东南亚享有盛名。

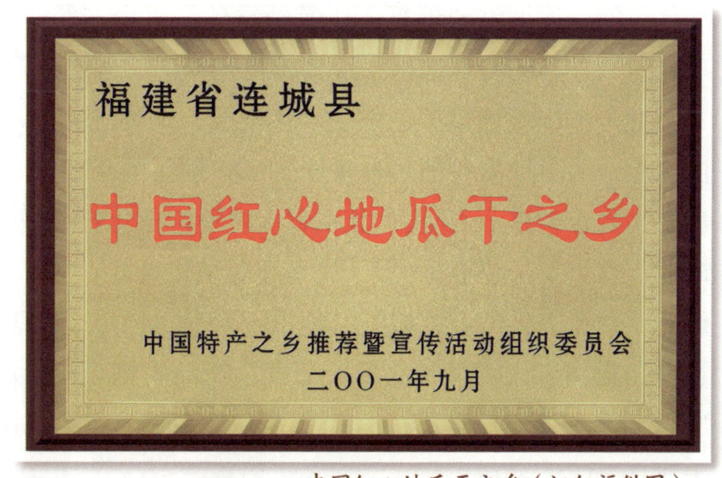

中国红心地瓜干之乡（江仁福供图）

地瓜又称甘薯、红薯、番薯、甜薯、红苕等，地瓜和地瓜干都是保健营养食品。世界卫生组织公布红薯既含丰富维生素，又是抗癌能手，为所有蔬菜之首。连城红心地瓜干以其色泽美、口感好、富营养、多纤维、低热量、少脂肪等优点，是纯天然绿色健康食品，在休闲食品市场上正日益受到消费者的青睐。随着地瓜制品的保健作用逐步为消费者所认识，其市场前景广阔。

地瓜产业是连城县的传统特色产业，沉淀了连城深厚的传统文化底蕴。在历届县委、县政府的领导下，围绕做大做强做优产业、增加农民收入这一主题，紧紧抓住“连城红心地瓜干”品牌这一立业之本，立足优势，挖掘潜力，因势利导，坚持不懈地推进地瓜产业化发展，现已成为我县农村经济的支柱产业。

20 世纪 80 年代，中国改革开放先驱、中共福建省委原书记项南到连城调研时，提出了要把传统产品地瓜干做成休闲食品的要求，要让连城地瓜干走出连城，走向全国。30 多年来，历经国内外市场环境的考验，连城县以制定《连城红心地瓜干标准综合体（福建省地方标准）》和《甘薯干（国家农业行业标准）》为导向，促进产业升级。通过基地建设、产品开发、市场开拓、体制创新、园区建设和品牌战略的实施，实现了原料种植规模化、地瓜加工工厂化、产品开发多元化、企业生产标准化、行业服务社会化、园区建设集约化，使得连城红心地瓜干以其纯绿色、原生态的健康产品，奠定了国内地瓜产业领导者的特殊地位，成为价值连城的中国农产品品牌。

如今，连城地瓜干已做成了大产业，全县红心地瓜种植面积稳定在 10 万亩以上，从事地瓜种植、地瓜干加工、销售的从业人口达 13 万人，地瓜产业加工销售骨干企业 29 家，其中省级农业产业化重点龙头企业 8 家，市级农业产业化重点龙头企业 10 家，成为闽西龙岩最多农产品加工省级龙头企业和市级龙头企业的县份。连城红心地瓜干产品也已形成红薯、紫薯两大品系，蜜饯、香酥、重组三大类型 100 多个品种，产品内销全国 600 多个大中城市，外销出口日本、韩国、美国等国家，2018 年产业产值达 30 亿元，占据全国 80% 以上的市场份额，形成“二万农户种地瓜，二十企业搞加工，五千农民抓销售，三十亿产值富半县”的产业新格局。

丰富的连城地瓜干产品（连城县市场监督管理局供图）

同时，为满足社会呼唤绿色生态、民众追求健康幸福的需求，连城县开拓创新，倾力推进产业科学发展、跨越发展，积极引领地瓜产业发展潮流。

一是制定规划。连城县制定《关于加快推进地瓜产业发展的意见》《关于打造世界地瓜之都实施意见》等政策措施，在产业发展规划、产业动态、研究重点和开发领域等方面加强宏观调控管理；成立连城红心地瓜产业管理委员会并设立办事机构，承担对地瓜干产业信息收集、整理、发布和提供，以及地瓜产业品牌、商标、地理标志等管理职能。

二是建设基地。在连城县农业部门努力下,建成“全国绿色食品原料（地瓜）标准化生产基地”7.3万亩，建立甘薯引种圃、脱毒种苗培育中心、甘薯种苗扩繁场，引种、推广地瓜新品种，优化品种种植结构；加快2000亩食品园区建设，建成年产20万吨地瓜干的工厂化加工能力、全国性高标准的红心地瓜制品加工基地。

三是推进科研。连城县推进地瓜产业科技创新，以龙头企业为依托，建设薯类研发综合实验室,开发适销对路的薯类加工新产品,深度开发薯类淀粉、酒精及其衍生物，研发薯类天然色素、果胶、膳食纤维、有机酸、氨基酸等保健品，实现开发原料就地转化，原料百分之百利用和零废弃物、废水排放。

四是提升品牌。实施品牌战略，重点打响“连城红心地瓜干”集体商标，举办“连城地瓜文化节”，定期举行地瓜产业发展大会和全国性地瓜制品展销贸易洽谈会，定期举行地瓜擂台赛、地瓜干等级评比、地瓜宴大赛等文化活动，扩大名牌效应。通过品牌带动，开拓市场，让连城地瓜干走向全国、走出中国，成为名副其实的“世界地瓜之都”。

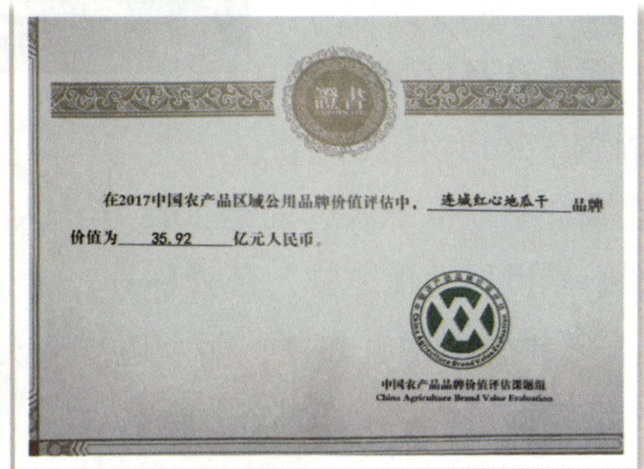

连城红心地瓜干相关荣誉（江仁福供图）

通过 30 多年的努力，我们走出了一条产业发展之路，留下了一串串坚实的足迹：

1997 年 10 月，连城县列入了“连城红心地瓜干项目”国家级农业标准示范区；2000 年 6 月，“冠豸”牌红心地瓜干被省名牌农产品认定委员会认定为首批福建省“名牌农产品”，2004 年通过复评为福建省“名牌农产品”；2001 年 9 月，福建省连城县被农业部中国特产之乡暨宣传活动组织委员会批准为“中国红心地瓜干之乡”；2005 年 12 月，连城红心地瓜干加工基地被农业部评为“全国农产品加工业示范基地”；2005 年 12 月，连城红心地瓜干集团有限公司被农业部评审为“全国农产品加工示范企业”；2007 年 10 月，连城红心地瓜干集体商标被认定为“福建省著名商标”；2007 年 11 月，连城红心地瓜干被评定为“中国地理标志保护产品”；2009 年 4 月，连城红心地瓜干被评为“中国驰名商标”；2014 年 10 月，连城红心地瓜干名列年度中国农产品区域公用品牌价值百强第 22 位（全国薯类唯一百强品牌）；2017 年 9 月，连城红心地瓜干被中国农产品品牌价值评估课题组评定品牌价值为 35.92 亿元；2017 年 6 月，连城红心地瓜干入选“2017 年最受消费者喜爱的中国农产品区域公用品牌”、全国 2017 年百强农产品区域公用品牌；2018 年 11 月，连城红心地瓜干入选福建 2018 年十大农产品区域公用品牌；2019 年 9 月，被授予“世界地瓜之都”荣誉称号。

世界地瓜之都（江仁福供图）

“雄关漫道真如铁，而今迈步从头越。”在地瓜干产业发展的路上，我们将继续前进。

附："中国红心地瓜干之乡"品牌发展之缩影

连城地瓜产业发展贡献奖颁奖词

第二届中国·连城地瓜产业发展大会组委会
2019年9月29日

总有一种声音挥之不去：连城是怎么把一条小地瓜做成一个大产业？总有一群背影无法忘怀，留住我们珍藏的美好记忆。回望地瓜产业来路的时候，我们不愿意错过，那为地瓜产业做出贡献的一个个人和一桩桩事。组委会经过精挑细选，找到了12个闪闪发光的亮点，这些亮点让我们看到连城地瓜产业从无到有、从小到大、从传统到现代、从本土走向世界的闪光历程。它们宛如一朵又一朵跳动的浪花，汇集成一波又一波滚动的洪流，推动连城地瓜产业这艘大船顺流前行。

一条地瓜富半县。连城县从事地瓜产业种植、加工、销售的农民近13万人，他们就像拉动这艘大船的纤夫，纤夫对浪花怀着特别的爱。为了表达对连城地瓜产业贡献者的感激和敬意，组委会特意挑选出奋斗在地瓜产业第一线的优秀从业者作为获奖者接受颁奖。

金秋九月，红薯情浓。现在就为本次大会表彰的"连城地瓜产业发展贡献奖"获奖者颁奖。

首先介绍第一位获奖者：这位获奖者是山东省兖州市人。他长期从事甘薯育种研究，他参加主持育成的苏薯、徐薯系列甘薯新品种也在连城示范推广。多年来，他在全国各地宣传连城地瓜产业的经验和成果，在百忙之中带来甘薯体系的专家们，到连城调研、指导工作20余次；连城县举办两届地瓜产业发展大会，都是在他精心策划、支持和指导下召开。他对连城地瓜产业发展做出了特别贡献。他就是国家甘薯产业技术体系首席科学家马代夫。

下一位获奖者：连城人都记得，20世纪七八十年代，在连城的田野上种满一种黄皮红心的地瓜，用这种地瓜加工成的地瓜干色泽红润、气味香甜，深受消费者喜爱。这种地瓜就是当时龙岩地区农科所研究员朱天亮培育出的"龙岩 7-3”甘薯新品种。正是有了“龙岩 7-3”地瓜，连城地瓜干才叫红心地瓜干。可以这么说，“龙岩 7-3”成就了连城红心地瓜产业，“龙岩 7-3”育种人朱天亮是连城地瓜产业的奠基人。

下一位获奖者：20 世纪 80 年代，“龙岩 7-3”甘薯得病了，得了一种群众叫作“苦丝病”的病害，高发年份病薯率达 59.5%，瓜农损失严重。时任县植保站站长罗克昌看在眼里，急在心里，几经努力他找到了病因、配置了药方，写出了《地瓜（甘薯）“苦丝病”防治技术》论文，有效控制了地瓜“苦丝病”。后来，他又攻克了甘薯“黑腐病”。他被人们尊称为连城地瓜的“护瓜使者”，守护连城地瓜健康生长。

下一位获奖者也是甘薯育种专家。首席专家马代夫研究员说，适合加工红心地瓜干的品种中就有“龙薯 9 号”，该品种全国年推广面积 500 多万亩，约占全国鲜食和食品加工类总面积的 50% 左右，在连城用“龙薯 9 号”做原料的比重也占 80% 以上，“龙薯 9 号”自然成为现时的当家品种。“龙薯 9 号”的育种人还很像个老农，我们常年能在连城的大田里看到他手把手地教农民种地瓜的身影。他就是龙岩市农科所首席专家杨立明。

下一位获奖者长期从事农产品贮藏加工与安全工作，她就是福建省百千万人才工程人选的龙岩学院教授石小琼。多年来，她为连城地瓜行业开展技术培训达 500 多人次；最近，又牵线搭桥，促成闽西职业技术学院和地瓜干协会以“二元制”形式合作办学，为地瓜加工企业培养 30 多名大专学历人才，有效缓解了连城地瓜产业的技术人才短缺状况。她对连城地瓜产业的贡献还体现在多次参加连城地瓜干行业的修标工作。

下一位获奖者是红心地瓜干发源地隔川乡人。20 世纪 80 年代，时任中共福建省委书记的项南同志到连城调研，在千人干部大会上提出要把连城红心地瓜干做成休闲食品、方便食品，县里将这个任务交给县粮油加工厂。时任副厂长的黄富祥工程师，经过多年努力，创造出了“先原料定形，后加工处理”的加工工艺。就是有了这项今天看来再简单不过的发明，连城地瓜干加工由此从传统走向现代，发展成为现在的批量化、规模化大生产。黄富祥被公认为连城地瓜产业加工新工艺的开拓者。

以下的获奖者是推动连城地瓜产业发展，在关键环节做了突出贡献的企业和单位。我们一并介绍。

获奖单位福建省连城红心地瓜干集团有限公司。该公司在连城地瓜产业发展中完成了几项第一：地瓜干行业中组建的第一家公司，率先建成第一条隧道式蒸汽供热烘烤生产线，第一次起草《连城红心地瓜干》福建省地方标准，在全市兴建第一个农产品（地瓜干）加工园区。从此，连城地瓜干脱离了小作坊的加工模式，走上了轰轰烈烈的机械化、工厂化、标准化大生产的康庄大道。

获奖单位福建福农食品有限公司。福农公司的老总说，福农的寓意是造福农业、造福农民。连城是典型的农业县，一半农民从事地瓜产业。福农在做大企业的同时，在行业中吸收工人最多，常年有1000多名农民在福农公司就业；在行业中纳税最多，多年来一直是连城地瓜产业第一纳税大户。

获奖单位福建连城健尔聪食品有限公司。其通过与国际先进技术的对接，获准设立“国家甘薯加工技术研发专业中心”，是福建省第一家甘薯制品出口企业，产品长期出口日本、美国、韩国等国家以及欧盟等地区，规模由建厂初期年产200吨发展到现年的6000吨。

获奖单位福建紫心生物薯业有限公司。它是一家集种植、研发、生产、销售为一体的全产业链食品制造商，它更懂得资本的力量，善于利用融资平台助力企业发展。紫心薯业于2016年在新加坡成功上市，成为连城地瓜产业上市融资第一人。

获奖单位连城县三丰薯业食品有限公司。其生产线上没几个工人，鲜地瓜原料从生产线这端投入，几十分钟后从生产线那端出来的是包装好的地瓜干成品。三丰薯业近年投巨资先后建成全自动地瓜干生产线三条，由此标志着我县地瓜干加工装备水平进入了自动化、智能化的“工业4.0”时代。

获奖单位连城县广大食品厂。其致力于地瓜干加工工艺开发研究，就是该厂当年把一种既安全可靠又防止氧化变色的食品加工工艺大胆引进到地瓜干加工工艺上，保留了红薯的天然色泽和品质，加工出的产品又好吃又好看，深受消费者的认可和青睐。

连城地瓜产业的龙头

——连城县福农食品有限公司简介

江仁福

连城县福农食品有限公司成立于2006年，前身为成立于1996年的连城县金土地食品厂，是一家专业从事连城地瓜干系列产品深加工及销售业务的股份制私营企业。公司总部位于连城县食品加工园区内，注册资本1000万元，目前拥有近4万平方米的加工厂区，总建筑面积3.2万平方米。近几年，公司发展迅速，主营业务年均以超过30%的速度递增，2018年加工鲜地瓜6万吨，地瓜干系列产品产量3万吨，产值达2亿元。

公司先后被授予“福建省农业产业化重点龙头企业”“龙岩市农业产业化市级龙头企业”“福建省科技型企业”“福建省地理标志商标龙头企业”“福建省知识产权优势企业”“福建省科技小巨人领军企业”“脱贫攻坚成绩突出农业经营主体”等荣誉称号；公司旗下经营的“金土地”“金果实”品牌先后获得了“福建省著名商标”称号，“金果实”商标产品还被授予“福建名牌产品”称号，公司“福农”字号被评为“福建省知名字号”；公司连续三年被连城县人民政府授予“纳税百万以上非公工业企业贡献奖”。

作为龙头企业，公司充分发挥农产品加工企业的示范带动作用，始终保持产品的优良品质，不断提升品牌价值，丰富产业链条，为地瓜干小企业提供技术上的支持，聘请专业技术人员进行培训。2013年至今，公司与福建农林大学、龙岩市农科所等单位合作的“甘薯产业化关键技术开发与应用示范”项目被科技部确定为国家科技富民强县专项行动计划项目。项目的实施，可以推动连城甘薯产业化发展，形成引种—种植—贮藏—加工—销售的完整产业链，推动农业产业结构调整，带动文亨镇、揭乐乡、林坊镇、北团镇、罗坊乡等周边地区种植业的发展，解决劳动力就业问题，促进经济发展，增加农户收入。通过项目实施，将建立高产良种甘薯种植示范基地2000亩，推广甘薯种植面积8万亩。

公司重视带动当地农民就业，配合相关部门，积极投入扶贫攻坚战中，深入开展扶贫工作。在开展调查的基础上，以现有自然条件为基础，以农田基础建设为重点，以市场为导向，带动当地农民种植地瓜，提供种植技术支持，并与农户签订最低保护价收购合同，统一收购，保护农户的利益，为当地农民增收、经济发展起到带头作用。

为解决农民发展种植的融资难题，公司带动当地农户参股发起成立金土地合作社，为成员提供农业生产资料的购买，农产品的销售、加工、运输、贮藏以及与农业生产经营有关的技术、信息等服务；公司联合连城县农村信用社，成立金土地合作社融资担保基金担保贷款业务，由公司出资 2 万元，在信用社开立基金账户，扩大 10 倍为农户办理基金担保贷款业务，为社员提供资金支持。

公司不仅带动连城县的地瓜干产业发展，还带动当地农民增收创收。为此公司董事长罗远雪被共青团福建省委、福建省农业厅等部门授予“福建省农民青年创业致富带头人”称号，同年被共青团中央和农业部授予“全国农村青年创业致富带头人”称号；2013 年被评为龙岩市劳动模范。2015 年 11 月，任中国乡镇企业协会甘薯分会会长；2018 年 3 月，任龙岩市农业产业化龙头企业协会副会长。

红心地瓜干生产车间（罗远雪供图）

中国连城白鸭之乡

■ 傅志东

连城白鸭，白羽、乌嘴、黑脚，天下独有，原产地福建省连城县，清朝道光年间被列为“珍品”“贡品”，数百年来一直被视为珍馐。史书记载：“鹜有黑白之分，而以白鹜为美，还可入药。”连城白鸭对人体积劳成疾、咯血、多痰、发热等疾病有明显的辅助治疗作用。经中医临床证实，连城白鸭具有滋阴降火、祛痰止咳、宁心安神、开胃健脾等作用，民间一直用其治疗麻疹、肝炎、痢疾、肺结核、不明原因低热高烧、烦躁失眠等症。经多家单位检测，连城白鸭富含人体必需的 18 种氨基酸和 10 种微量元素，谷氨酸含量高达 28.71 g/kg，铁锌含量是普通鸭类的 2.5 倍，营养价值高，且胆固醇极低。1999 年，经中国家禽业协会认定，连城白鸭为“鸭类中的国粹，优秀、稀有的地方种质资源”“全国唯一药用鸭”。2000 年被国家农业部列入国家级畜禽资源保护名录，成为 8 种国家级鸭类资源保护品种之一。2001 年，中国家禽业协会授予连城县“中国连城白鸭（白鹜鸭）之乡”荣誉称号。

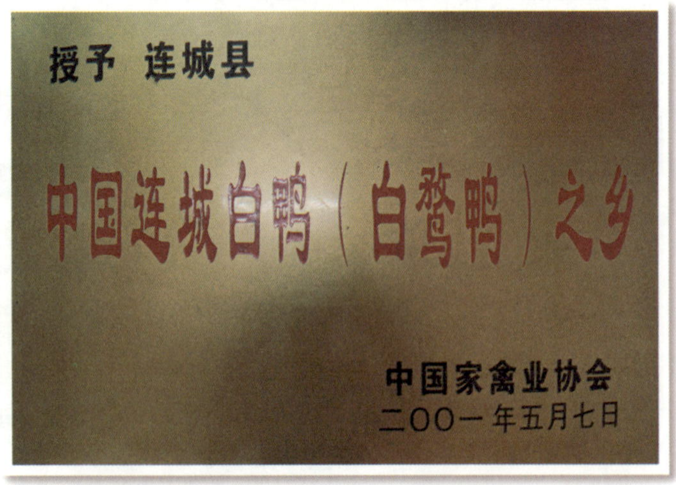

中国连城白鸭（白鹜鸭）之乡（连城县畜牧水产局供图）

连城白鸭具有较强的抗病能力。生长适应能力强，日常用药少、药残低，易达到无公害和绿色产品要求。连城又地处闽江、汀江、九龙江的三江源头，境内水质好，空气质量优，丘陵起伏，涧溪纵横交错，水量充沛，温度适宜，十分适合白鸭的生长，其独特的自然环境能够为连城白鸭养殖并开发高端市场提供优越条件。

20 世纪 80 年代初期，因种种原因，连城白鸭出现了严重的杂化退化现象。原本全白的羽毛黄化、灰化明显，孵出的鸭苗极易出现黄脚等现象；产蛋性能下降，远不如其他鸭种。群众养殖连城白鸭积极性降低，连城白鸭曾一度处于濒临灭绝的境况，最少时全县仅剩 47 只。为了挽救这一珍贵的优质地方品种，连城县于 1997 年在文亨落尘亭新建国家级连城白鸭原种场，并组织专业人员进行系统选育工作。经过种群扩繁、提纯复壮和群体选育等举措，连城白鸭种质资源保护取得一定成效。同时，制定了《连城白鸭系列标准》，并于 2004 年经省质量监督局颁布确定为省地方标准，该标准不仅成为省农业厅制定水禽标准的范本，还被农业部指定为制定连城白鸭国家标准的依据。

中共连城县委、县政府十分重视连城白鸭产业的发展，围绕白鸭产业发展课题展开了一系列的调研、视察及专题研究，出台了一系列措施保障连城白鸭产业的发展。一是组建产业合作联盟，制定联盟章程，约束经营者行为，维护连城白鸭品牌。在生产经营上，实行专业化生产、一体化经营，实现小生产者与龙头企业对接，提高组织和服务能力。二是建立保种选育保障机制。县财政每年预算安排 40 万元保种选育经费，由连城白鸭原种场组织专业技术人员开展保种选育和提纯复壮工作，提高原种场供种能力和品种生产能力。三是建立产品研发专项基金。县财政安排一定的预算资金，扶持和鼓励连城白鸭企业建立研发中心，加强产业发展委员会与科研院所的合作，加大对高附加值连城白鸭系列产品的研发力度，提高产品档次、延长产业链、提高连城白鸭产品的市场竞争力。四是建立信贷担保机制。将连城白鸭产业纳入“连城县土地流转规模经营贷款担保基金”管理范围，以解决规模经营业主在生产与流通环节资金短缺问题。五是建立风险保障机制。将连城白鸭经营纳入“连城县大田种植规模经营风险基金”管理范围，以降低因自然灾害造成的损失。六是实行奖励扶持政策。对连城白鸭标准化基地场建设、扩繁场建设、宣传营销、品牌建设、屠宰加工等予以扶持奖励补助。七是建立连城白鸭产品质量追溯体系。实现连城白鸭养殖日龄、用药、用料等可追溯。

通过二十多年来的保种和群体选育，连城白鸭品种特征更加明显，遗传性能也逐渐稳定，连城白鸭产业正朝着规模化、专业化的方向健康发展。

——三产融合拓渠道。我县在连城白鸭原种场建立了 50 个保种家系和 50 个选育家系，常年开展品种资源保护和群体选育工作，确保品种特征和遗传性能不退化。目前，连城白鸭品种杂化率为 0.1%（与保种前相比下降了 4.9%），500 日龄产蛋量可达 275 枚（经 7 年的连续家系选育共增加了 25 枚）。现可养殖原种 1 万套，年可供父母代种鸭 100 万羽；我县现已在建设连城白鸭大型加工企业 2 家，还有 2 家企业进入部分生产阶段，加工产品销往全国各地，优良的品质受到了消费者的青睐。连城白鸭产业功能拓展至包装印刷、饲料加工、贸易物流、旅游美食、电子商务等诸多领域，实现从单一的连城白鸭生产经营向多元、立体的全产业链转变。目前产品结合了我县美食、旅游，多家企业建设了集参观、休闲、体验、购物于一体的产业综合体。我县在工业园区内建立了电子商务产业园，为连城白鸭产业的快速发展提供了新引擎，各连城白鸭加工销售企业都建立了自己的电子商务中心，开拓了新的产业发展渠道。

——质量安全赢信赖。我县在 2012 年出台了连城白鸭产业扶持政策，大力推行连城白鸭标准化养殖，现已建立 14 家连城白鸭标准养殖场，为连城白鸭产品安全生产提供了很好的示范作用，带动了连城白鸭养殖户的养殖技术发展，提高了养殖户的安全生产意识。 2011 年建立了连城白鸭产品质量安全可追溯平台，有 10 万余羽连城白鸭佩戴 RFID 脚环标签，消费者可通过上网（网址为 www.0597.gov.cn）、手机扫描、短信查询连城白鸭质量安全信息，真正实现了白鸭从育种、养殖、检疫、屠宰、销售等全过程业务环节追溯，做到“来源可查，去向可知，责任可追”，保障了连城白鸭质量安全，连城白鸭产品质量进一步获得消费者的信赖。

——品牌建设提声誉。2000 年连城白鸭被评为“福建省名牌农产品”，2000 年、2001 年“双黑”牌连城白鸭分别荣获“福建省农业精品展销会金奖”和“福建省名特优新产品展销会金奖”。2001 年荣获“中国国际农业博览会名牌产品”，连城县被命名为“中国连城白鸭（白鹜鸭）之乡”，2002 年连城白鸭被福建省消费者委员会评为“绿色消费推荐产品”，2005 年获得“无公害认证”。同年，获得国家质检总局的原产地标记的注册认证。2010 年向国家工商总局成功注册连城白鸭“证明商标”。2011 年连城白鸭“证明商标”荣获省著名商标和市知名商标。在商标品牌建设上，连城白鸭相继获得了地理标志证明商标、省著名商标和市知名商标。

为了保护和开发好连城白鸭，各白鸭经营户分别注册了“天水间”“黑足鼎”“冠泉”“御川”“黑丫头”等连城白鸭商品商标。随着白鸭销量的不断增加，优质的连城白鸭产品得到了消费者的认可，品牌效应也日益显现。同时在上级部门的“八大珍”“八大鲜”评选活动中，连城白鸭荣获“八大鲜”的称号，进一步提高了品牌知名度。

——示范引领共发展。通过连城白鸭产业政策的扶持，全县已建成连城白鸭标准化养殖基地 14 家，另有 3 家正在建设之中，在连城白鸭标准化养殖场示范作用下，连城白鸭产业获得较大的发展。2018 年，连城白鸭出栏 382 万羽，产值达 4.58 亿元，直接从事白鸭产业的相关人员 3000 多人，目前全县已有 100 多人通过电商渠道营销连城白鸭及蛋产品，连城白鸭蛋价比其他品种鸭蛋市场批发价每斤高 1 元，形成了多产蛋、养老鸭的良性格局，销售发展前景看好。

连城白鸭产业生机勃勃，未来将更加兴旺。

连城白鸭群（连城县农创园管委会供图）

中国优秀旅游县

▪ 罗小林

今日连城（宏江影视传媒供图）

连城县旅游景点开发较早，有组织的景点开发可追溯到 600 多年前，连城县志记载："元至正二十四年（1364），代县尹马周卿率千人上山，开辟苍玉峡、云栈、丹梯、冠豸、桃源等前山 13 景，并以篆体或隶书刻石标名。"［《连城县志（1988—2000）》］。

1994 年冠豸山被评为国家重点风景名胜区后，连城县对开发利用以冠豸山为龙头的旅游资源形成共识，1995 年底提出"旅游兴县"战略。此后，连城人民矢志于"旅游兴县"，走出了一条旅游产业从无到有、从弱到强的道路，使连城旅游知名度不断提高，创造出了响亮的品牌。

一、拥有了金色招牌

连城旅游开发以来，获得了各级各类荣誉称号，仅国家级的就有：2005 年，评为"中国优秀旅游县"；2007 年，评为"中国文化旅游大县"；2014

年，评为“全国休闲农业与乡村旅游示范县”；2016 年，获批“国家全域旅游示范区创建单位”；2018 年，评为“中国十佳避暑康养小城”。

二、开发了众多资源

连城县拥有绿色生态、客家民俗文化、红色文化、客家美食、温泉等旅游资源，多年来，我县开发了众多旅游系列资源。

绿色生态资源。拥有冠豸山、培田古村落、天一温泉度假村等 3 个 AAAA 级旅游景区和星光生态旅游度假区、朋口兰花博览园、连城松毛岭战地遗址、塘前豸下莲乡文旅度假区 4 个 AAA 级旅游景区。其中，冠豸山是国家级风景名胜区、国家自然遗产、国家地质公园、国家水利风景区。世界 A 级自然保护区——梅花山，是汀江、九龙江及闽江三江源头。全县森林覆盖率达 81.48%，位居全省第二、全市第一。

客家民俗文化资源。主要有全国重点文物保护单位、中国十大最美村镇、国家 AAAA 级旅游景区——培田古村落，全国唯一现存的明清四大古雕版印刷基地之一、全国重点文物保护单位——四堡古书坊建筑群，国家级历史文化名村——芷溪古宗祠以及姑田游大龙、罗坊走古事等 7 项国家级和 6 项省级非物质文化遗产等客家民俗文化精髓，其中提线木偶技艺、姑田游大龙保持世界吉尼斯纪录。

红色文化资源。连城属中央苏区县，是红军的故乡。革命战争年代，毛泽东 1929 年率领红四军四次进驻连城，领导开展了新型整军运动（史称“新泉整训”），是古田会议思想政治军事的准备地，为古田会议的胜利召开奠定了坚实的基础。建立了中央苏区第一所工农妇女夜校。红军长征出发前东线最后一战——松毛岭战役就发生在连城，这一战打了七天七夜，为红军战略大转移争取了时间。拥有红四军“新泉整训”旧址群、松毛岭战地遗址等两处国家红色旅游经典景区。从新泉到朋口的红色旅游长廊承载的红色现场教学、红色旅游产品丰富。

客家美食资源。连城是中国客家美食名城，新泉是中国客家美食名镇，开发推出了珍珠丸、拳头桃、灯盏糕、鱼片汤、大桥扁食等传统风味小吃和清炖白鸭、炒九门头等中国名菜，特别是连城白鸭为全国唯一药用鸭，连城白鸭汤得到习总书记亲口称赞。

温泉资源。拥有国家AAAA级旅游景区、五星级饭店——天一温泉度假村，天赐温泉及新泉、文亨等优质地热温泉资源。

三、打下了发展基础

经过持续不断的努力，连城旅游业得以发展。2018年，全县累计接待游客1093.6万人次，实现旅游收入73.2亿元，同比分别增长29.2%和43.7%。

1.旅游业态发展良好

城市和乡村旅游已形成了良好发展的业态。城区景区化、乡镇景点化、村居景观化进程加快，景区旅游向全域旅游、观光旅游向观光与休闲度假旅游并举转变，不断推进。与此同时，不断加强旅游项目提升工作，投资达1.3亿元的冠豸山客运索道项目即将投入运营。这是福建省第一条客运进口索道，全长2300米，线路高差23米，配备720度无死角全景全透明玻璃轿厢，让游客从空中纵览俯瞰丹霞世界；九龙湖码头至竹安寨索道上站的悬空栈道建设也即将完成，栈道全长近4千米，部分玻璃栈道含透明玻璃栈道60米、3D玻璃栈道20米、碎化特效玻璃栈道15米，钢化玻璃栏杆330米。

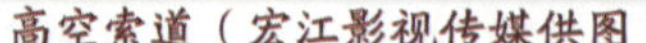

高空索道（宏江影视传媒供图）

玻璃栈道（沈清智摄）

2. 交通网络日趋健全

冠豸山机场往来北京、上海、南京、昆明等7条航线运营稳定；赣龙铁路复线运行多年，浦梅铁路（连城段）开工建设；高速公路、319与205两条国道通往四面八方，从空中到地面保证游客旅行顺畅。

3. 旅游餐饮不断完善

连城是中国客家美食名城，是中国唯一药用鸭连城白鸭之乡。全县共有客家美食店、酒店 940 多家，在全国各地开办的客家美食店 240 多家，餐饮行业从业人员达 4.8 万人。常态化举办全国海峡客家烹饪大赛和小吃节，全县拥有中国名菜 48 道，省名菜名点 68 道，样样都是舌尖上的美食。

4. 住宿品质得到提高

拥有五星级酒店 1 家、准五星级酒店 1 家及三星级酒店 3 家，旅游床位 6000 余个。

大量民宿、精品酒店、客栈等非标住宿应运而生，如龙岩市“十佳民宿”天赐温泉山庄、连城香叙美宿、神龙客栈、培田似续堂木艺传习民宿等。

现代酒店的经营管理理念逐渐形成，旅游服务的规范化与标准化建设得以推动，特别是住宿设施整洁卫生，做到明码标价、各项服务精细、绿色环保、食品安全等，不断提升旅游住宿业服务水平，满足广大游客日益多元化的住宿需求。

5. 娱乐活动得以丰富

省级“非遗”项目连城提线木偶戏经典剧目深入乡村，免费为群众演出；国家级“非遗”项目“客家十番音乐”也经常展演，以此丰富人民的文化生活，让老百姓近距离感受艺术经典。

连续 7 次举办环冠豸山自行车大赛，展现我县优秀旅游资源，举办 3 届最美乡村越野跑助力乡村旅游，在冠豸山景区连续举办 3 届“中国冠豸山杯钓鱼大赛”，在培田景区连续举办 7 届“春耕节”。

6. 旅游购物满足需求

以连城白鸭、红心地瓜干和富硒农产品为特色的农副产品，满足了游客的购物需求。冠豸山游客中心、敦香土特产等购物场所布点合理、设施完善，为游客购物提供了方便。

7. 融合发展逐步推进

依托中国文化旅游大县及中国客家民俗文化之乡品牌，把旅游和美食文化、客家文化、红色文化、民俗文化有机结合，大力发展旅游 + 体育、旅游 + 温泉疗养、旅游 + 美食养生、旅游 + 客家民俗、旅游 + 休闲农业等产业。

四、确定了发展目标

“打造全国知名旅游目的地、国家级全域旅游示范区，打响‘价值连城’金字招牌。”这是连城明确提出的工作目标。

五、明确了着力方向

为打响旅游品牌，县人民政府明确了着力方向：

1. 做强旅游基础

实施环冠豸山旅游公路等项目，推进新泉整训纪念馆改扩建项目前期工作，加快冠豸山客运索道、培田古村落提升改造等项目建设，完成冠豸山正山前停车场改造、九龙湖换乘中心和观景路二期等项目。

2. 做足跨界融合

开发以松毛岭战地遗址、新泉整训旧址群为主线的红色研学路线，丰富四堡采摘体验、赖源高山茶园、环梅花山乡村生态观光等休闲绿色旅游产品，结合豸文化、客家民俗、古村古建元素发展特色文化旅游精品项目，推动旅游与红色资源、生态农业、客家文化在融合发展上实现新突破。

3. 做响宣传营销

探索宣传营销新模式，积极亮相省内外旅游推介活动，发行连城景区旅游年卡，深化闽粤沪等重点城市精准营销。优化自行车赛、马拉松赛等赛事活动，开发“连城有礼”系列特色文创产品，发挥“旅游 +”倍增效应，提升连城旅游知名度。

4. 做好旅游服务

结合“一机在手，畅游福建”方式，打造连城全域旅游智慧平台，增加“i游连城”微信公众号服务功能，实现景区服务便捷化、智能化。以“放心游连城”服务承诺为抓手，依托冠豸山民俗村，集聚餐饮住宿、民俗表演、“非遗”文化体验等业态，强化旅游行业监管，营造良好旅游环境，让游客玩得好，还想来。

“积小河，成江海。”今天的成绩是明天发展的基础，是后续去发展、去创造、去提升的良好条件。连城旅游事业发展到了今天，一路走来，一路腾飞蓄势，我们相信并期待着连城旅游在高起点上取得新的成效。

冠豸山（冠豸山风景区管委会供图）

参考资料：

1. 冠豸山旅游事业管理局：《创国家级全域旅游示范区汇报材料》。
2. 连城县人民政府：《政府工作报告（2019）》。
3. 连城县文体旅游局：《连城旅游资源》。

中国兰花文化之乡

▪ 罗景春

"中国兰花文化之乡"授牌仪式（饶小琼供图）

2017 年 11 月 21 日，第五届中国（冠豸山）兰花大会在福建省连城县兰花博览园开幕。国内外兰花界专家、学者、领导和客商 700 多人齐聚连城，共商兰事、共叙兰谊，携手开拓兰花产业发展新局面，促进兰花产业与科技的快速发展。在这次盛会上，中国民间文艺家协会授予连城县"中国兰花文化之乡"荣誉牌匾，标志着连城又增加了兰花文化这一品牌。

一、追溯传统兰文化

兰字在儒家经典中多次出现、频繁使用，通过儒家哲学思想道德体系的传授，无形中使兰形象逐渐为人们所认识，并成为人们普遍熟悉的喻体。长期以来，兰作为"佳人""君子"的象征，作为美好希冀与寄托的代名词，被

兰花产业发展大会（冠豸山风景区管委会供图）

广泛应用于人们的社会交往、礼仪辞令之中。

兰花是大自然的杰作，位居我国十大名花之首，是一种以香著称的花卉。因它具有“三美”(花美、叶美、香美)、“四清”(气清、色清、神清、韵清) 和“四气”(正气、清气、雅气、静气),而成为“德”与“美”的化身,素有“君子之花”“空谷佳人”的雅喻。

兰文化源远流长，业已成为我国五千年文明史中的优秀传统文化的一个重要组成部分，成为启迪心智、砥砺思想、传播文化、提高素养、培养情操的有效载体，成为人们修身养性、增强体质、舒展精神、开阔胸怀的精神食粮。历代仁人志士以兰喻志、以兰抒情、以兰赋墨，在赏兰品兰的过程中悟出了一种融中华传统道德修养、人文哲理于其中之妙谛,从而使兰花荣膺“国香”“人格之花”“民族之花”的美称。古今名人对它评价极高，喻之为“花中君子”。

进入现当代社会，人们在爱兰、品兰、咏兰、画兰和养兰、植兰的过程中，继承、开拓、发展着兰文化。每年频繁举办的各种兰事活动、大量出版的兰花书籍，有力地推动了兰花事业和兰文化的发展。近年全国多地评选兰花为市花并建兰花村、兰花专业市场、兰花主题公园和兰花博物馆，大大增强了兰文化的浓郁氛围,使兰花和兰文化得到更好的推广普及、走进千家万户，谱写新篇章。

二、重温客家兰习俗

连城兰花种养历史悠久，民间有句俗语流传：“宁可出门不提篮，不可家中不栽兰。”意思是说，吃的可以节俭些，但兰花不能不种几盆；甚至因为兰的香，有“家有兰花不烧香”之说。

连城人民在乔迁新居之时，四门六亲为华堂主人庆贺时，成群结队登堂祝贺的宾客中，领头的人手捧兰花，敬献于大门华堂，并置于厅内大殿案头，焚香祈祷，以示新居兰香满堂，温馨幸福。

连城兰花（连城县市场监督管理局供图）

嫁女送兰的习俗更是普遍流传。每当闺女许配出嫁，父母得为千金送上一盆兰花，有的再添几枝桂花，意为自家的女子出嫁远门后，花前月下，鲜花铺路。“兰桂”又代表子孙之意，故而送兰寓含女儿日后子孙满堂，做婆做太之意。

另有一些地方，小孩初次远行，出门前长者会备好数片兰叶，当小孩起程时，就把兰叶塞在小孩身上，意指家族之灵驱除邪魔妖气，确保平安。

每逢春节之时，连城当地家中往往种上数盆报岁兰，报岁兰在春节时令开花，花开得越多，预示来年越聚财。有的地方还把兰花供于桌台，摆上祭品，焚香叩首，以求好年景。

连城不少地方古建筑的门柱、窗棂、飞檐上都刻有兰花，或者写有与兰花相关的诗词对联，以示主人的高贵、清廉。同时，也有不少人将兰花刻入餐具、茶具、书房之中，以此激励家人要像兰花一样冰清玉洁。

三、聚焦连城兰产业

连城兰产业的发展，源头在朋口镇。

朋口镇积极发挥龙头的示范带动作用，组织各村农民到兰花基地参观学习，请专家到各村进行技术指导。现在，仅桂花村一个村，全村 141 户几乎家家户户种兰花，种兰年产值超过 10 万元的有 20 余户，仅这一项人均增收 3000 元。兰花让桂花村人脱贫奔小康，桂花村以养植兰花成了当地赫赫有名的兰花专业村。

与此同时，伴随着舞动的龙头，兰花已成为连城各地农民增收的一个支柱产业。现如今，全县拥有种植大户1600多户，面积达2100多亩，品种达1000多个，年创产值近2亿元。

有道是"十月怀胎，一朝分娩"。人们在不经意间惊喜地发现一座气势非凡的"福建省连城兰花博览园"悄然矗立于连城县朋口镇原石背街老墟上坝旧址上。而蜚声中外、赫赫有名的福建连城兰花股份有限公司即设立于此博览园内。该股份公司（其前身为连城兰花有限公司）成立于2000年，于2011年5月完成股份制改造，并整体变更为股份有限公司。

福建连城兰花股份有限公司作为兰花行业连城兰花的领军企业，是目前国内规模最大的集生产、科研、营销、服务于一体的现代化兰花行业龙头企业。现拥有兰花种植面积1200亩（含在建），专业培育春兰、建兰、蕙兰、寒兰、墨兰、春剑、莲瓣兰等7大类260多个兰花品种，年均生产兰花1100万株左右。该公司专注于兰花的选育，所培育的兰花多次在国际、国内花卉博览会上荣获盛誉，获得各类奖牌280多枚，其中"红梅报春""冠豸朵云""金碧辉煌""连城红"先后获得四届"中国福建花王"的称号。该公司还连续两届获得"全国十佳花木种植企业"称号，并先后获得"全国科普惠农兴村示范基地""福建省农业产业化龙头企业""福建省林业产业化龙头企业""福建省文化产业示范基地""福建省生态文化示范企业""2010—2011年度诚信经营先进单位""龙岩市和谐企业"等荣誉称号。

船大好闯洋。中共连城县委、县政府充分认识兰花产业要发展，就必须把规模做大，把企业做强，形成产业化、规模化。连城成立兰花产业办，出台《关于加快兰花产业发展的若干意见》，在规划用地、基地资金补助、市场推广、展览、信息、科研等方面给予一定的政策倾斜，

国家重点花文化基地（冠豸山风景区管委会供图）

为全县兰花产业提供技术支持和市场供求信息服务。筹措专项政策扶持资金，成立兰花产业发展担保基金，解决村级兰花圃规模发展、种植大户产业升级的贷款难题；以土地承包权入股、出租和转包的方式，促进土地向农民兰花专业合作社流转，兰花种植区向规模化、产业化方向发展。2009 年，在政府大力引导、扶持下，连城兰花有限公司进行股份制改造，吸收当地兰花种植大户入股，引进香港中富农业科技有限公司合作，投资 2 亿元规划建设占地 1000 亩的集生态休闲观光、喜庆礼仪、农家乐、美学教育于一体的兰花博览园。在此基础上，规划建设“朋口兰花一条街”，依托朋口兰花生产、销售一条街，建设连城兰花销售市场。

到目前为止，连城县仅投入兰博园钢架大棚、兰花桥等建设的扶持资金累计就达 260 万元。兰博园现已建起生产基地 20 万平方米，育有 300 多个品种的优质兰花，年产兰花数高达 600 万株，年销售额达 1 亿元。除此之外，朋口全镇拥有 5 亩以上育兰基地的种植大户共有 29 户，总面积计达 801 亩。

连城兰花产业集群遵循产业化、大众化进程，坚持走健康稳定、可持续发展的产业发展道路，本着在国内市场大力普及兰花，在国际上让兰花跨出国门走向世界的营销愿景，采用产业化、规模化、标准化的方式种植、培育国兰，进行大规模生产，研发、培育更多的大众化品种，借助其产业化和规模化的经验和优势，促使更多的品种进入大众消费市场，使普通百姓能够接受和认识国兰，促进更多人爱兰、养兰，推动国兰进入千家万户。连城目前拥有的 260 个国兰品种大部分是大众化品种，如连城素、龙岩素、银边四季、江南企剑、金边墨兰、银边墨兰、企剑白墨等。在已进入市场经济时代的今天，从物质财富角度而言，兰花作为一种礼品，其价值和意义正在逐渐被开发出来。这是兰文化的一面，但更重要的一面是精神财富。连城兰花承载着中国数千年的文化底蕴，历来是高洁、典雅的象征，已融入国人血液的以兰明志、以兰育人、以兰会友的理念，是兰文化的灵魂。

在国内已有 30 多家“连城兰花”专卖店的基础上，精心布局，拓展更多的经销商和加盟店；精准定位兰花消费群体，将现有的兰花划分为中高档和大众消费类型；制定合理的产品、价格、质量、加盟、服务等体系。这些举措将大大提升“连城兰花”品牌的知名度和竞争力，也将大大促进连城兰花产业化的发展进程。

加快连城兰花产业化进程的关键是构建“连城兰花”品牌体系,提升“连城兰花”品牌影响。为充分发挥“连城兰花”的品牌效应,在现有兰花产品系列的基础上应持续开发、创新兰花新品种;完善“连城兰花”品牌特许经营,统一“连城兰花”各加盟店的形象;统一、规范使用“连城兰花”商标,由兰花衍生的各类产品如盆器、礼品包装盒、兰花养护卡、宣传画册等都应使用规范的“连城兰花”商标;以连城兰花股份有限公司为主导的企业逐年加大投入,不仅通过电视、报纸、网络等媒体开展广告宣传,还建立了连城兰花网,加强推介力度;此外,每年还主动邀请、接待来自全国各地的兰花爱好者、书法爱好者,就有关信息进行交流,宣传兰花文化。一系列的宣传措施将有力地促进“连城兰花”品牌的推广和兰花的销售。2009 年 12 月,“连城兰花”被龙岩市人民政府评为“龙岩市知名商标”,2010 年 11 月,“连城兰花”被评为“福建省著名商标”。

让兰花进入千家万户,成为居家美化、提升品位的最佳选择;让兰花产业跳跃发展,成为农民致富、财政增收的有力支柱——这个目标在以连城兰花股份有限公司为龙头的连城兰花产业发展进程中正在逐步实现。兰花产业作为一个新兴产业、朝阳产业,正在强劲有力地创造着经济效益、生态效益和社会效益。

“世界兰花之乡”授牌仪式(饶小琼供图)

参考资料:

1.《中国兰花文化之乡申报材料》。

中国客家民俗文化之乡

▪ 罗景春

现当代研究客家文化的学者冯秀珍指出："民俗风情是一个民族在生产生活、节庆娱乐、信仰崇拜等方面广泛流传、经久不衰、反复重现的行为方式。客家民俗风情既是精神文化也是物质文化，它是中原传统文化的结晶，也是客家现代文明的基础。由于客家人保持着中原有些现已失传的古代风俗文化现象，因而使之成为中国风俗文化的活标本。"

连城县是纯客家县，是保存客家民俗文化活动最完好的地区之一。传承至今的有姑田游大龙、罗坊走古事、新泉烧炮、芷溪花灯及河源十三坊游公太等数十种客家民俗活动。其中"闽西客家十番音乐""闽西客家元宵节庆（连城县）""闽西汉剧"等为国家级非物质文化遗产；"闽西客家春耕习俗""连城拳""连城提线木偶戏"等为省级非物质文化遗产。2014 年，连城县被中国民间文艺家协会授予"中国客家民俗文化之乡"的称号。

"中国客家民俗文化之乡"授牌仪式
（罗坊乡供图）

现今存续于连城的民间传统民俗风情文化娱乐活动，异彩纷呈，历史悠久，源远流长，根在中原。它既植根于中华民族传统文化大环境中，又立足于连城客家各乡各村小天地里；它既葆有中华传统文化的共性特征风貌，又独擅原生形态，极具乡土气息。尤为难能可贵的是其中的一部分传统民俗活动，由于保留了中原早已失传的古代风俗文化现象,因而成为中国风俗文化不可多得的“活化石”和独一无二的“活标本”，被人们誉为“客家民俗文化活动的大观园”。

就总体而言，遍览连城流光溢彩的客家民间节庆民俗文化活动，所呈现出来的特点，其一是它的多样性。比如，同为“游龙”，以高大雄伟著称的姑田“天下第一龙”与曲溪的“母子龙”、庙前的“红龙”各显优长、各呈风采。又比如，同属一镇，姑田各村的十二条龙中，在形体大同小异、外观基本一致的前提下，又各有特色、各具优长。据姑田当地人总结出的其中四条龙的特点是：邓屋的龙“老得好”，中堡的龙“长得好”，华垅的龙“高得好”，下堡周、黄两姓的龙“画得好”。

其二是它的传承性。连城民间大型节庆民俗文化活动大都传承于明代，部分起始于清朝，且多吸纳于四面八方。仍就“游龙”民俗活动来说，文亨亨子堡罗氏游龙始于明朝永乐年间，距今已有约 600 年历史。林坊游龙也起始于明朝，已有 500 多年历史，经历过自最初扎制“草龙”，到清朝同治年间从湖南洪江引入“小龙”，再到后来改进成“大龙”的传承演变过程。姑田的“游大龙”民俗活动从广东潮州引入,起始于明朝万历年间,至今也已 400 多年。北团“拔龙”从清流县传入下江坊村亦有 400 多年历史，再往上追溯，此民俗活动已历 800 多年之久。至于连南庙前、芷溪一带的“红龙缠柱”舞龙民俗活动,起始于明朝万历年间,也有 400 多年历史。其所相随伴奏的锣鼓称“苏州锣鼓”，是从江苏苏州传入。

其三是它的大众性。连城民间节庆民俗文化活动多数以姓氏出面组织。这也正是客家人以姓氏族群聚居生活的血缘传统在民俗活动中的自然反映。其大众性可从盛行于连城各地的诸如“游大龙”“走古事”“游大粽”“游花灯”“游蛤瑚公太”等大型民俗文化活动中体现得淋漓尽致。无论是姑田的游大龙，还是罗坊的走古事，直接参与其中负责具体事务的人员都在数百上千乃至近万之多，而且往往是整村整乡参与、全姓或数姓出动，无须号召、不必招引，家家主动参加，户户自行卷入，故而能够营造出万人空巷、水泄不通的气势，展现出雄奇宏伟、壮观激烈的场面。

其四是它的娱乐性。连城民间每逢节庆民俗文化活动来临之前，每家每户都要制备特色拿手的美酒佳肴，节庆到来之日，家家宾客盈门、高朋满座，

观看罗坊走古事（吴健衡摄）

气氛融融、笑声朗朗，主人与四乡八里光临做客的亲朋好友共同分享一年劳作成果，畅叙人生欢乐。在尽享富庶丰饶的物质生活的同时，也饱尝多姿多彩的精神生活。各承办地的东道主都会借此一年一度的良辰吉日，向四方来客推荐当地或本族的能人高手，使其一展工艺、美术、书法、绘画及鼓乐、舞蹈、曲艺、武术等文化艺术方方面面的祖传秘籍和独特绝活，以让参与其间的现场观众一饱眼福，得到心灵世界的满足与文化生活的享受。

其五是它的模式性。连城民间节庆民俗文化活动，经历长时期的传承，又得到当地或本族群众的认可，在现实生活中已凝聚为世代恪守、约定俗成的娱乐规范和表演程式。人们依据这种辈辈相传的规范程序，每年在特定的时间重复进行民俗活动，而且乐此不疲、永继不爽，百演不怠、百看不厌。改革开放后，这种古老的民俗文化活动也与时俱进地增添了一些时尚内涵。比如在“游大龙”的龙灯上除旧布新地写上“改革开放好”“振兴我中华，共圆小康梦”等切合时宜的标语口号；在“游蛤瑚公太”的马戏队列中也增添了飞机、大炮、坦克、军舰仿真模型以及木制小轿车等反映现代生活气息的诸多时髦构件和各种崭新元素。尤为令人难以忘怀的是，2013 年 3 月 14 日朋口“游公太”万人踩街游行，那艘紧扣当时举国声讨日本妄图强占我国神圣领土钓鱼岛的政治大气候所设计制作出来的“保钓号”巨舰缓缓巡行于大街之上时，夹道观看的群众情不自禁所发出的惊呼声、欢叫声——它充分表达出了国人誓死保卫祖国神圣领土的共同心声——瞬间压倒了队列中的鼓乐声、神铳声和街道两旁商店住户所燃放的鞭炮声，久久回荡在朋口上空，将当日游行活动推向最高潮。

其六是它的祈愿性。在连城，无论哪个民间节日，也无论何种民俗活动，都少不了隆重虔诚祭拜祖宗和各位先贤这个重要环节和关键程序。它集中反映出客家人慎终追远、崇宗敬祖、感恩戴德、不忘报本的民俗意识。从全县各乡镇村庄在日常和节庆期间所膜拜的对象来看，只要仔细认真考证分析，就会发现它们都有一个共同点：这些被崇拜景仰者都是各有所本、各有依据的古代英雄或曾有恩于本乡本土的真实人物，而非主观想象、凭空臆造的虚无缥缈的魔像幻影。广大民众通过这种形式来表达自己的祈求，表达保护家家人丁兴旺、村村五谷丰登的善良美好愿望。

通过以上六个方面的简述，我们看到了连城客家民间民俗文化活动是极其独特、极具个性的。它的流光溢彩，它的独一无二，它的不同凡响，它的举世无双，都是大家公认、无可争议的。除此之外，我们也看到了它与周边其他客家县民俗文化活动的一些共同点、相似处，因而可以说，它在总体上还是脱不开客家民间民俗传统文化所具有的同一性，是符合唯物主义辩证法的矛盾统一规律的。

游大龙（连城县文联供图）

参考资料：

1.《申报命名“中国客家民俗文化之乡”报告书》。

中国客家硒都

▪ 张华柱 温晓洁

连城县是世界少有的丹霞地貌与喀斯特地貌的接合部，为国内天然富硒区之一，硒系“上帝赐予连城的黄金宝藏”。全县土地硒元素含量适中，含硒土地面积 2567 km^2，占全县土地面积的 99.6%，其中富硒土地面积 853 km^2，占全县土地面积的 33.1%。水稻、地瓜、花生、葛根、雪薯、蔬菜、水果、山苦瓜、铁皮石斛、金线莲、连城白鸭及蛋产品、河源鸡、福建黄兔等各种特色农产品均富含硒元素。2016 年 10 月，连城县被列为福建省第一批 10 个富硒农业产业开发重点县之一；2017 年 2 月，连城县获授“中国客家硒都”荣誉称号；2018 年 6 月，连城县被评为“中国绿色生态农业先进县”。富硒农业产业已成为连城最具优势的资源和最具潜力的产业。

“中国客家硒都”授牌仪式（冠豸山风景区管委会供图）

一、工作成效

2016年以来，中共连城县委、县政府以发展富硒农业产业作为推进农业供给侧结构性改革的有效载体，充分挖掘连城富硒资源优势，强化科技支撑，完善产业链条，着力生产“安全、天然、富硒”农产品，全力打造“中国客家硒都”地域品牌，在基地建设、资源调查、宣传策划、品牌创建、市场营销、平台建设等方面做了大量工作，取得阶段性成效。

1. 基地粗具规模

初步建成富硒地瓜、富硒赤稻米、富硒大米、富硒铁皮石斛、富硒金线莲、富硒蔬菜、富硒红衣花生、富硒葛产品、富硒连城白鸭及蛋产品、富硒福建黄兔、富硒河源鸡等28个富硒农产品种养殖示范基地，辐射带动富硒农业基地建设。截止到2018年底，全县共发展富硒农业种植基地3万亩，养殖基地1万亩，发展富硒产品经营主体85家，从业人员6400人，开发富硒农产品45种，实现产值12.5亿元。

2. 产品日益丰富

相继开发连城白鸭、连城白鸭蛋、河源鸡、福建黄兔、地瓜、赤稻米、蔬菜、大米、红衣花生、雪薯、冠豸山铁皮石斛、金线莲、山苦瓜、葛系列、洛神花系列等富硒农产品以及葛饼、蜂蜜、姜糖、红茶、铁皮石斛膜片、地瓜干等富硒功能性食品45种。

富硒产品（连城县农创园管委会供图）

3. 品牌逐渐凸显

鼓励引导经营主体加快打造富硒品牌，不断丰富“中国客家硒都”品牌内涵。2016年9月，“天水间”牌连城白鸭蛋被评为“中国名优硒产品”；2017年12月，开展全县“十大富硒农产品”评选活动。“中国客家硒都”地域品牌和“莲乡西遇”区域公用品牌逐渐为人们所熟知，在国内享有一定的知名度和美誉度。

4. 市场不断扩大

逐渐完善中国客家硒都富硒产品电子商务服务平台及线下展示展销体验馆建设。利用“中国客家硒都”标志图及整体VI(Visual identity，视觉识别)设计，全方位进行品牌推广运营和网络营销推广。目前，已在福州、泉州、厦门、龙岩等城市设立了12家线下展示展销体验店，完成了15家富硒产品网店上架工作，优质富硒农产品市场占有率得到稳步提高。

二、工作措施

1. 加强组织领导，形成发展合力

成立以县委主要领导为顾问，县政府主要领导为主任，分管县领导为副主任，县农创园管委会、财政、发改、农业等部门和乡镇人民政府主要负责人为成员的连城县富硒农业产业发展委员会，下设连城县富硒农业产业办公室，制定《连城县富硒农业产业发展行动计划》，纳入连城县推进乡村振兴十条措施及整县推进精准脱贫“4+X+1”产业，明确发展思路、目标和重点；将打造“中国客家硒都”写入党代会工作报告和政府工作报告，形成合力。

2. 立足科技支撑，夯实基础研究

积极与福建省农科院农业生态研究所开展合作，在重点乡镇开展水稻、地瓜、文亨红衣花生、宣和雪薯、山苦瓜、冠豸山铁皮石斛、金线莲、连城白鸭、福建黄兔、河源鸡等特色农产品的种养殖技术试验；与福建农林大学合作，开展连城土壤硒含量状况调查方案编制及分级评价工作，评估连城农业土壤硒的空间格局及丰缺状况；积极争取省国土资源厅、农业厅“农业地质调查县”项目，投入资金280多万元，全方位摸清县土壤硒含量分布情况；联合诏安、寿宁等县，委托标盟(中国)机构制定富硒农产品福建省地方标准《富硒农产品硒含量分类要求》(DB35/T1730-2017)；组织开展硒农产品认定工作。目前，已申报国家发明专利10项，制定富硒雪薯、富硒红衣花生、富硒山苦瓜、富硒金线莲、富硒铁皮石斛、富硒水稻、富硒黄兔、富硒连城白鸭的种养殖技术规程；筛选土壤调理剂4个，研发含硒饲料工艺配方5个、含硒有机肥配方3个、中药材基质配方2个；完成富硒专用饲料、富硒专用有机肥厂的建设；

颁发给冠泉白鸭养殖专业合作社、福建九益堂药业有限公司等11家企业“中国客家硒都硒农产品认定证书”。

3.广泛宣传发动，提升品牌影响

以获授“中国客家硒都”地域品牌为契机，充分利用报刊、电视、网络等宣传媒体，开展硒知识普及宣传活动，大力营造“全民补硒、科学补硒”的良好氛围，着力打造“中国客家硒都”地域品牌和“莲乡西遇”区域公用品牌。设立“中国客家硒都”官方网站及官方订阅微信号，统一“中国客家硒都”VI系统，制作完善《客家硒都 价值连城》专题宣传片，完成中国客家硒都“连城有礼”等富硒农产品包装设计，制作富硒连城白鸭、铁皮石斛、地瓜干的动漫宣传片，举办“中国客家硒都”摄影大赛和文学采风笔会，协助举办太极拳、篮球、羽毛球、围棋、乒乓球、排球、钓鱼等全民健身运动，开展“中国客家硒都”十大富硒农产品评选活动，支持实验幼儿园“富硒快乐体验园”建设，邀请中央电视台原七套《农广天地》栏目到我县拍摄富硒农产品专题片。

连城县富硒产业协会（连城县农创园管委会供图）

4.明确发展定位，编制产业规划

在对全县土壤硒含量分布情况及各种农产品聚硒能力进行全面科学论证的基础上，借鉴江西丰城、湖北恩施、陕西安康等地的成功经验，结合我县产业经济等特点，委托省农科院生态研究所编制了《“中国客家硒都”富硒产业发展规划 (2019—2028 年)》，以富硒土壤区域为重点产业发展区域，规划“一心二带多点”(以莲峰镇富硒功能农业加工产业园为核心，北部以北团镇、罗坊乡、隔川乡为主的甘薯、蔬菜、瓜果等优势富硒产业集聚带，南部以庙前镇、莒溪镇为主的水稻、中药材、林下经济等优势富硒产业集聚带，以及揭乐乡、宣和乡、文亨镇、朋口镇、塘前乡、曲溪乡、赖源乡、姑田镇、四堡镇、新泉镇等多个富硒重点乡镇发展富硒特色的种植、养殖、休闲、健康养生的产业区块) 的空间布局。根据不同地域硒资源类型分布特点，以地理标志保护产品为重点，构建“主导产业 + 特色产业 + 培育产业”的“一园二链十大产业十六类基地”(“一园”: 富硒功能农业加工产业园。“二链”: 连城甘薯种植加工生态循环产业链、连城畜禽养殖生态循环产业链。“十大产业”: 两个主导产业为连城富硒红心地瓜产业、连城富硒白鸭产业，八个特色产业为富硒水稻、富硒河源鸡、富硒铁皮石斛、富硒葛产品、富硒红衣花生、富硒观光休闲等产业以及富硒饲料、富硒有机肥。“十六类基地”: 富硒大米、富硒连城白鸭、富硒铁皮石斛、富硒蔬果、富硒红衣花生、富硒山苦瓜、富硒葡萄、富硒福建黄兔、富硒金线莲、富硒河源鸡、富硒百香果、富硒宣和雪薯、富硒油茶、富硒葛产品、富硒饲料、有机硒肥等富硒种、养及加工示范基地) 富硒功能农业主导产业体系，拟用十年左右时间，把连城富硒产业建设成为集科技研发应用、循环农业生产示范、观光休闲、健康养生普及于一体，一、二、三产业融合同步发展的富硒产业典范，建成省内著名、国内知名的富硒现代循环农业示范县。

中国名优硒产品（连城县农创园管委会供图）

5. 加大政策扶持，着力主体培育

县政府每年安排富硒农业产业发展专项资金 200 万元，制定出台《连城县富硒农业产业发展奖励补助办法》，对经营主体在基地建设、品牌创建、标准制定、产品开发、质量安全、市场拓展等方面进行奖励补助；整合各部门、各类涉农资金，向富硒产业经营主体倾斜；建立以政府投入、信贷支持、企业自筹的多渠道、多层次富硒产业建设投入体系，帮助经营主体做大做强做优；指导成立连城县富硒产业协会，吸纳一批有为青年共谋硒产业发展，着力将富硒产业打造成为“市场国际化促进农业增效、帮动农民增收、引领农村进步、推动连城发展”的有效载体，实现富硒农业产业“基地规模化、加工产业化、开发科技化、产品品牌化”的宏伟目标。

6. 拓宽市场销路，促进硒旅结合

开展“市场拓展年”活动，引导经营主体树立大市场、大流通、大营销的理念。整合公共资源，指导成立福建省望云农业发展有限公司，按照“五统一”标准，全力拓展富硒产品营销市场；在福州、厦门、泉州、龙岩等城市设立 12 家线下展示展销店；组织富硒产业协会、富硒经营主体参加世界硒都（恩施）硒产品博览交易会、中国国际投资贸易洽谈会、国际富硒食品产业博览会、上海国际生态农业品牌展览会、海峡项目成果交易会、海峡两岸经贸洽谈会、海峡两岸机械博览会等活动，扩大我县富硒农产品知名度和市场占有率。协助举办“冠豸山露营季暨揭乐乡葡萄采摘旅游节”“生态星光莓斛飘香休闲旅游文化节”等相关活动，参加上海“清新福建 • 欢乐龙岩”旅游推介会，编撰硒旅结合导游词，有效促进了富硒农业与连城特色旅游的深度融合。

7. 着力平台搭建，完善公共服务

成立福建省莲硒农业发展有限公司，开展“基地与平台建设年”活动，整合现有资源，搭建电子商务、检验检测、质量追溯、展示展销、投资融资、产业园区等公共服务平台。目前，农产品电子商务服务平台、闽西富硒农产品检验检测中心、质量追溯平台、“硒博汇”展示展销中心等公共服务平台已建设完成。“富硒产业园”建设项目已完成立项及实施方案编制。

8. 强化招商引资，力促资源整合

树立开放、合作、共享的理念，积极加入中国富硒农业产业技术创新联

盟、福建富硒农产品产销联盟，参与联盟举办的高峰论坛、招商引资洽谈会及产品推介活动，加强与中国农业大学、中国营养学会、九三学社等单位的信息技术合作。围绕“打造安全富硒产业带，建立绿色循环产业链”目标，成功引进福源三清农业发展有限公司，打造“中国客家农业公园”，引进五洲佳豪、田园居、沃家旺、康硒园、盈山农业、创亿元、红耕农业、水饰界、华冠等企业发展种养殖基地和加工企业。

中国绿色生态农业先进县（连城县农创园管委会供图）

富硒农业是功能农业的重要载体，是新常态下农业提质增效的战略产业，也是再造连城发展优势的新兴产业。今后一段时期，我们将按照“创新、协调、绿色、开放、共享”五大发展理念，围绕推进农业供给侧结构性改革，组织实施《“中国客家硒都”富硒产业发展规划（2019—2028 年）》，着力打造“中国客家硒都”地域品牌和“莲乡西遇”区域公用品牌，努力构建“富硒品牌突出、龙头带动明显、服务体系健全”的富硒产业发展格局，力争到 2020 年，建立富硒农产品生产基地 6 万亩，培育规模企业 50 家，实现富硒农业产值 30 亿元以上。

中国客家美食名城

■ 罗小林

俗话说“民以食为天”，既朴素又包含着深刻的道理。三餐饱腹，这是基本的生存需要；而在“食”字上总结、推广、交流、提升，则关乎文化的传承与积淀。连城客家人就在这“食”字上做出了漂亮的文章，连城也因此获得了“中国客家美食名城”荣誉称号。

中国客家美食名城（连城县客家美食协会供图）

先看如下数据：

现已挖掘开发出120多种独具特色的传统客家美食菜肴和小吃品种。其中有48种评为全国名菜，68种评为全省名菜。

连城是全省等级厨师最多的县份，经专家评定的等级职称厨师有2452人，其中，中式烹调师技师369人，高级中式烹调师58人，中级中式烹调师369人，初级中式烹调师1724人。连城名厨获得诸多荣誉，如荣获中华金厨奖7人、中国烹饪名师2人、全国优秀厨师1人、福建烹饪大师3人、福建闽菜名师4人，福建烹饪名师9人、中餐行政总厨7人、国家职业技能鉴定考评员9人。

先后成功举办了5届全国海峡客家烹饪大赛、5届中国冠豸山客家美食文化节，还与龙岩市联合成功举办了一届中国冠豸山“雪津杯”中餐技能创新大赛，连城县客家美食协会组织会员参加对外交流活动32次。

参加烹饪大赛和各级培训交流，到目前为止参加全国烹饪大赛的厨师合计有 68 人次，其中获特金奖 4 人次，金奖 22 人次，银奖 28 人次，铜奖 10 人次。

积极聘请有关专家和高级厨师为群众传经送宝，先后培训了 500 多名农民厨师和 200 多名服务员。2019 年 8 月，组织了连城县“万名厨师”培训工程，对美食产业创业有意者进行了培训。

目前经营连城客家美食的大中小美食店、宾馆、酒店、小吃店，县境内有 680 多家，县境外有 238 家。在县外经营的美食企业主要分布在广州、深圳、北京、南昌、吉安、南京和全省各地市，还有高级厨师到国外发展。现在连城餐饮行业有从业人员 4.8 万人，年产值达 10.8 亿元。

之所以有这么突出的成效，是因为始终坚持做到三点：

1. 源于自然

连城美食的原料取自天然，山上长的、地里种的、圈里养的、水中游的，全是自产，是地地道道的土货，来源普通，保证原生态，从源头上对菜肴的质量做出了保证。配料和调料也是如此，比如一些药膳的配料，如鱼腥草、红根草、茅草根、香藤根、倒吊黄花根等，就是采自山上的树根或草根；还有调料，也往往是来自田边菜地，如辣薯、鸭香等。

连城美食源于百姓家常菜，在烹制时，除了必要的油盐酱醋外，很少加其他调味品和添加剂。通过家中能人巧手的煎炒蒸煮，端出来的是色香味俱全的菜肴，并保证原汁原味。客家人好交往，喜宾客，家族内部、亲朋之间经常互相吃请，逢年过节或有贵客临门，往往这家端上一盘菜，那家提来一壶酒，一桌子人热热闹闹围坐一起，交流共同关心的事情，也不忘适时对菜肴品评一二，对传统烹调选材、烹调方法、烹调技艺提出

连城客家美食系列名菜（冠豸山风景区管委会供图）

改良意见，从中生发出新食品、新菜肴的改善方法，客观上成为连城有众多名菜佳肴和风味小吃的直接原因。

2. 勇于创新

在继承传统手艺的基础上，连城厨师勇于创新，通过参加各级培训班的交流学习，利用各地组织的烹饪大赛这一平台，潜心研究各种菜系的风格特点，用心揣摩各种菜系的烹制细节，努力吸纳各地菜肴的烹制精华，对本地菜肴加以创新。打造出“白鸭宴”“全牛宴”“豆腐宴”“地瓜宴”“全鹅宴”等众多连城客家美食品牌，提高了连城客家美食品位，推进客家美食的深度开发。2018 年 9 月，中国烹饪协会向世界发布“中国菜”活动，“连城白鸭”“九门头”获中国菜地域经典名宴名菜代表。

3. 长于专注

在创设连城客家美食品牌的过程中，连城涌现出一批专注的探索者。连城客家美食协会就是其中突出的组织，成员是创设连城客家美食品牌的骨干力量。

连城客家美食协会成立于 2001 年，这是在我县发展旅游业时期应运而生的。协会成立以来，以“游冠豸名山，品客家美食”为抓手，持续抓好创“客家美食名城”这一品牌的工作。一是争取各方支持，打好物质基础。以策划和筹办各种活动为抓手，争取各级、各部门领导的关心支持，动员知名企业协办，引领会员主动参与，营造声势，扩大影响，赢得支持。二是创建服务平台，培育队伍，提升厨师素质。形成了厨师和烹饪技术人才的培养培训、行业创优、职称推荐与评定等一系列制度，精心组织厨师技能培训。三是创设交流平台，采取“走出去，请进来”的方法，积极开

中国客家美食名镇（连城县客家美食协会供图）

展对外交流活动，在全国各地组织中国冠豸山客家美食文化节，组织参加全国烹饪大赛，以此扩大连城客家美食文化的影响，提高连城的知名度。四是开展多渠道宣传工作，多次组团到北上广深等一线城市和福州、厦门等地宣传推介连城客家美食和旅游产品，通过各级媒体对连城客家美食文化进行宣传报道，促进连城客家美食提高水平。

县客家美食协会十多年来专注于品牌的建设。县政府对这项工作一以贯之的关心支持，是形成这一品牌的关键所在。

现在，连城客家美食已走出连城，走向全国，走向海外。

中国温泉之城

▪ 林百坤

连城以其温泉（地热水）水量大、水质优、水点多、应用历史长、受益人众多等优势，于 2012 年 12 月被国土资源部命名为“中国温泉之城”。

连城温泉开发历史悠久，根据县志记载，在明代就有赞美连城温泉的诗句：“清洁傍溪崖，连阳独擅佳。温云生怪石，暖气溢平沙。捣练宵涵月，烹丹晓映霞。最怜堪涤垢，新德藉光华。”早前主要用于村民洗浴，如今温泉除供人们洗浴外，还通过机械打井开采地下热水，发展水产养殖、温泉旅游、酒店宾馆、体育健身等多方面。

一、连城温泉的水质特征

据专家勘察认证，已查明连城县有姑田镇上堡、文亨镇蒋屋、莒溪镇莒市和新泉镇儒畲、新泉、官庄等 6 个地热区，地下可采热流体达 21716 米^3/ 天，目前实际开采量为 7650 米^3/ 天，温泉水温 31 ～ 70.3℃，含有多种有益于人体健康的微量元素。

1. 上堡温泉

上堡温泉水温 48 ～ 49.2 ℃，矿化度 448.1 ～ 464.21 mg/L，pH 酸碱度 7.73 ～ 7.92，阳离子以 Na^+、Ca^{2+}、K^+ 为主，阴离子以 HCO_3^-、SO_4^{2-}、Cl^- 为主，氟含量 11.00 ～ 19.48 mg/L，偏硅酸 97.76 ～ 115.2 mg/L，水质类型为 HCO_3-Na。根据 GB/5749-2006 标准，该温泉水不能直接用于生活饮用，其偏硅酸、氟含量达到理疗矿泉水质标准，可作为理疗洗浴、采暖和农业灌溉、渔业养殖等用水。

2. 蒋屋温泉

蒋屋温泉水温 68.5 ～ 69.5℃，矿化度 343.69 ～ 354.5 mg/L，pH 酸碱度

8.33 ～ 8.45，阳离子以 Na^+、Ca^{2+}、K^+ 为主，阴离子以 HCO_3^-、CO_3^{2-}、SO_4^{2-}、Cl^- 为主，氟含量 10.00 ～ 14.71 mg/L，偏硅酸 97.76 ～ 119.7 mg/L，水质类型为 HCO_3-Na，为弱碱性水。根据 GB/5749-2006 标准，该温泉水不能直接用于生活饮用，其偏硅酸、氟含量达到理疗矿泉水质标准，可作为理疗洗浴、采暖和农业灌溉、渔业养殖等用水。

3. 莒市温泉

莒市温泉水温 34 ～ 39 ℃，矿化度 794.4 ～ 812.79 mg/L，pH 酸碱度 6.81 ～ 6.97，阳离子以 Na^+、Ca^{2+}、Mg^{2+}、K^+ 为主，阴离子以 HCO_3^-、SO_4^{2-}、Cl^- 为主，氟含量 1.41 ～ 1.60 mg/L，偏硅酸 31.2 ～ 34.85 mg/L，水质类型为 HCO_3-Ca · Na，为弱碱性水。根据 GB/5749-2006 标准，该温泉水不能直接用于生活饮用，可作为理疗洗浴、采暖和农业灌溉、渔业养殖等用水。

4. 儒畲温泉

儒畲温泉水温 32℃，矿化度 338.4 ～ 351.52 mg/L，pH 酸碱度 7.55 ～ 7.65，阳离子以 Na^+、Ca^{2+}、Mg^{2+}、K^+ 为主，阴离子以 HCO_3^-、SO_4^{2-}、Cl^- 为主，氟含量 1.70 ～ 2.00 mg/L，偏硅酸 36.53 ～ 37.32 mg/L，水质类型为 HCO3-Ca · Na，为弱碱性水。根据 GB/5749-2006 标准，该温泉水不能直接用于生活饮用，可作为理疗洗浴、采暖和农业灌溉、渔业养殖等用水。

5. 新泉温泉

新泉温泉水温 54.0 ～ 70.3℃，矿化度 809.54 ～ 932.92 mg/L，pH 酸碱度 7.39 ～ 7.55，阳离子以 Na^+、Ca^{2+}、Mg^{2+}、K^+ 为主，阴离子以 HCO_3^-、SO_4^{2}-、Cl^- 为主，氟含量 7.00 ～ 8.08 mg/L，偏硅酸 92.04 ～ 94.60 mg/L，水质类型为 HCO_3 · SO_4-Na · Ca。根据 GB/5749-2006 标准，该温泉水不能直接用于生活饮用，其偏硅酸、氟含量达到理疗矿泉水质标准，可作为理疗洗浴、采暖和农业灌溉、渔业养殖等用水。

6. 官庄温泉

官庄温泉水温 31℃，矿化度 896.21 ～ 921.8 mg/L，pH 酸碱度 7.85 ～ 8.06，阳离子以 Na^+、Ca^{2+}、Mg^{2+}、K^+ 为主，阴离子以 HCO_3^-、SO_4^{2-}、Cl^- 为主，氟含量 4.50 ～ 12.61 mg/L，偏硅酸 34.77 ～ 39.13 mg/L，水质类型为 HCO_3 · SO_4-Na · Ca。根据 GB/5749-2006 标准，该温泉水不能直接用于生活饮用，其氟含

量达到理疗矿泉水质标准，可作为理疗洗浴、采暖和农业灌溉、渔业养殖等用水。

二、连城温泉资源的利用

我县温泉资源的水质特征决定了其应用方向。理疗洗浴、采暖、农业灌溉、渔业养殖等，是其主要功能。根据我县旅游资源丰富、发展态势良好这一实际，发挥理疗洗浴的功能，服务当地大众、发展休闲旅游，就成为我县温泉资源利用的主要方向。

1. 莒市温泉

莒市温泉位于莒溪镇莒市村，莒溪街道西侧河流东岸。泉水出自近南北向的断层破碎带中，水温 34 ～ 39℃，长期以来，当地居民都用温泉洗浴，俗话叫“泡汤”。当年，在娱乐生活极度缺乏的情况下，“泡汤”就成为居民喜爱的一种休闲方式。辛勤劳作一天后，浸泡在用砖石砌好的汤池中，一边感受温水对疲乏身躯的抚慰，一边慢语交谈，家长里短、世事人情，皆为谈资，驱除了疲劳，密切了交流，增进了感情。为了进一步提高人民的生活品质，为群众提供休闲文化场所，结合生态水系项目建设，近年来，莒溪镇利用地热水建设温泉公园。目前，公园已粗具雏形，温泉池等基础设施已基本建设完成，不日即可提供使用。

2. 新泉温泉

新泉的温泉位于新泉镇河畔，泉水从中细粒黑云母花岗岩与凝灰质砾岩接触带的构造破碎带中涌出。从新泉大溪、小溪至芴山旁，均有泉脉相通。泉源丰富，溢出量大，分布面积广。泉眼附近有泉华，旧志名胜卷中记载：“如清济贯浊河，伏而复现，奇矣！”长久以来，人们在泉脉上构筑了汤池，供劳作之余冲浴泡汤，驱疲解乏，振奋精神。

新泉温泉在我军建军史上留下了光彩。1929 年，红四军挥戈闽西，毛泽东、朱德、陈毅等住在新泉“望云草室”，常到温泉洗澡。为了密切军队和群众关系，在红军纪律的“六项注意”中，加上“洗澡避女人”一项。我军知名的“三大纪律八项注意”中的第七条“不调戏妇女”，就和这座温泉小镇有关。

为了高标准开发温泉旅游资源，提升全镇温泉产业，新泉镇积极拓宽筹资渠道，引进资金投入 3.5 亿元，建设温泉主题公园，建设用地面积 172.6 亩，建筑面积约 7.8 万平方米，建设温泉度假屋 30 栋 70 间客房，各类泡池 55 个，现已投入运营，是集旅游、休闲、度假于一体的温泉高端综合旅游项目。同时，总投资 4.8 亿元的温泉沿河路改造开发项目和总投资 6 亿元的瑶下温泉养生小镇项目也在加紧推进。

3. 天一温泉度假村

天一温泉位于文亨镇文保村汤头自然村，这里紧邻国家 AAAA 级旅游景区冠豸山，森林覆盖率位居全国之首。经权威机构检测，天一温泉属于典型优质的医疗型偏硅酸 - 碳酸钠型温泉，是国内四大医疗优质温矿泉之一。

天一温泉（冠豸山风景区管委会供图）

为了发展温泉旅游业，连城县引入了天一国际温泉度假村项目。度假村占地 5000 亩，总投资 8 亿元，利用当地丰富的温泉水资源和森林资源优势，建成国家 AAAA 级旅游景区和五星级酒店，打造成温泉度假、养生保健、休闲娱乐、餐饮住宿、置业地产于一体的新型温泉旅游综合体。

温泉园区集 SPA 水疗、中草药包、鱼疗、冷雾、磁石理疗、太空舱等百余种温泉泡汤疗法,可以为客人解除疲劳,舒缓身心。另配套有健身房、按摩椅、户外泳池、冲浪池、漂流河、儿童水上乐园、池畔自助烧烤、怡情茶室、浪漫露天电影、户外瑜伽、半露天棋牌、养生果蔬、垂钓区等多种娱乐、健身设施，供游客自行选择。

度假区内配套有按五星级酒店标准建造的温泉酒店，内设客房、会务中心、餐饮、休闲娱乐等功能，设施齐全，可为游客提供全面的休闲度假服务。

一方水土养一方人，生活在温泉之乡的连城人民享受着大自然的赐予，常怀感恩之心；同样地，必将以感恩之心，把家园建设得更美丽。

参考资料：

1. 冠豸山风景区管理委员会、连城县旅游事业局编：《连城旅游资源手册》。

全国双拥模范县

▪ 江初祥

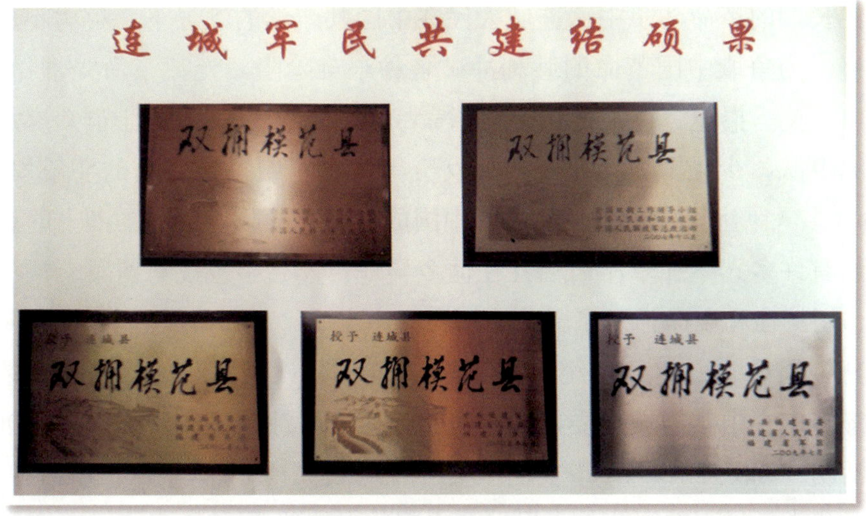

连城军民共建结硕果（连城县退役军人事务局供图）

2016 年 7 月，连城县再次荣获“全国双拥模范县”称号，这已是我县连续三届获得这一荣誉。同时，我县还连续八届荣获“省级双拥模范县”荣誉称号。

连城县具有优良的双拥传统。革命战争年代，连城各级苏维埃政府全面落实好优抚优待政策，人民群众踊跃参军，送军粮制军鞋，红军官兵则帮助建立政权，发展生产。

第二次国内革命战争时期，毛泽东、朱德、陈毅率领红四军在新泉进行著名的“新泉整训”，帮助当地建立了苏维埃组织。当时战事频繁，形势复杂，红军占领一地，随即建立区、乡基层组织，然后扩大联片，成立高一级行政机构，如 1930 年组建汀连县苏维埃政权，1932 年组建新泉县苏维埃政府和连城县革命委员会，为当地的红色政权建设和生产发展打下了良好基础。

这一时期，从红四军开始在连城新泉整训到 1934 年红军北上为止，连城地方党组织和苏维埃政府组织青年（包括青年妇女）组成民工队，从事后勤服务工作，随军运送军需物资、粮食和帮运战利品。组织妇女收集粮食、蔬菜、副食品等送给红军，做布鞋、草鞋慰问红军。组织动员 10300 多人参加红军。各级苏维埃政府领导群众组织代耕队，为没有劳力的红军家属耕田。利用星期六或星期天，组织干部、党员和少先队员进行义务劳动，帮助红军家属耕田、种地，对红军子女实行免费入学等。经常召开红军家属座谈会，听取他们的意见，制定优待红军家属 48 条规定，及时帮助他们解决各种困难。

在长期的革命斗争中，连城人民在中国共产党的领导下，英勇不屈，百折不挠，为争取中国革命的胜利冲破各种艰难险阻。无数革命先烈抛头颅、洒热血，英勇捐躯。特别是在土地革命战争时期，有 60% 以上群众参加游击队、赤卫队、少先队、儿童团、妇女会等各种组织，在残酷的斗争岁月中，有 6000 多人献出了宝贵的生命。新中国成立后，经政府确认为烈士的有 1566 名。还有许多人参加革命后牺牲在他乡异地，连名字也没有留下，成为无名英雄，用鲜血和生命谱写了一曲曲军民鱼水之歌。

新中国成立后，20 世纪 50 年代初，连城建设空军基地，驻军人数是龙岩市最多的。中共连城县委、县政府弘扬老区双拥优良传统，深入开展军民共建活动，军政关系、军民关系十分融洽，军爱民、民拥军，军民融洽如一人，体现了我党领导下的军队与人民群众之间的血肉关系。

在拥军优属方面，一是全力支持驻莲（连城简称“莲”）部队建设，对部队的各类设施建设、各种物资需求、各项飞行保障、各位官兵困难都做到心中有数，并切实支持解决；二是对轮战驻训部队，主动帮助解决训练和官兵生活保障问题；三是创新拥军社会化服务机制，积极开展教育拥军、文化拥军、医疗拥军、科技拥军、司法拥军等活动；四是大力开展拥军宣传，通过媒体、广告、民俗活动、红色资源运用等手段，宣传双拥成果，普及国防教育，提高国防意识；五是对涉军群体和退役军人，制定一系列的优抚政策，落实优待、生活、安置、医疗、征兵、设施等六个方面的优属保障。

2015 年 9 月，全国双拥模范县考评验收组到连城检查验收，对连城县双拥共建工作给予高度肯定。择取 2012—2015 年的几组数据，足以看出我县拥军优属出真招，办实事。

——财政部门在财力十分困难的情况下，每年都挤出一部分资金，投入拥军优属方面。如 2012 年以来，投入的总金额 7500 多万元，用于基础设施、训练设施、生产生活设施、文化设施等方面的建设。

——支前部门协助部队解决“四个一好”建设项目 15 个，补助金额 90 多万元。

——教育部门对随军子女的就学问题优先安排，有 93 名随军子女到全县最好的学校就读。

——组织部门优先安置 2 名军转干部，并任实职领导。

——人事部门遵照就近、方便的原则，对随军家属的工作妥善安排，安排了 14 位教师、12 位事业单位干部职工。对无工作的随军家属，发放基本生活补助费计 216 万元。

——农村义务兵家庭的优待金按上一年度农民人均纯收入的 100% 发放，机关企事业单位职工应征入伍者按现行工资标准或基本工资的 70% 发放。现役军人立功受奖者，分别按一等功增发 100% 优待金，二等功增发 60% 的优待金，三等功增发 30% 的优待金，优秀士兵则增发 10% 的优待金。2012—2015 年，全县累计发放义务兵家庭的优待金达 1054 万元。

——对重点优抚对象的生活补助金,将补助标准的自然增长率提高到 4%，突出抓好重点对象的“解三难”工作，将全县 200 多名特困优抚对象列入城乡低保；按每户 5000—10000 元的标准，重建重点对象的危房或旧房，共计补助 36 户，25 万元。另对 143 名特困优抚对象给予临时救助款计 9.2 万元。

——安置退役士兵到全额拨款事业单位 26 人。凡退役士兵自谋职业，义务兵按照安置当年全县上一年度城镇居民人均可支配收入的 120% 发放；士官期间，每年按照安置当年全县上一年度城镇居民人均可支配收入的 15% 发放。待安置期间，按照城市居民最低生活保障标准按月发放生活补助费。2012—2015 年累计发放安置经费 940 万元。

——将重点优抚对象住院医疗补助的比例提高到 70%，门诊医疗补助比例提高到 50%，年补助封顶线提高到 2 万元。将一至六级残疾军人全部纳入基本医疗保险，住院医疗费按照规定报销，门诊医疗费实行定额包干。2012—2015 年，累计补助 320 多万元。

——至 2015 年止，投入 1500 万元维修全县 18 处烈士纪念设施、1400 多座烈士墓地，投入 480 多万元异地新建县烈士陵园，投入 500 多万元新建县光荣院，投入 200 多万元对优抚事业单位进行维修改造。同时，每年投入 200 多万元用于革命基点村基础设施的建设。

在拥政爱民方面，驻莲部队官兵充分发挥部队人才、装备、技术等方面的优势，支援地方的经济建设，积极参与产业扶贫、教育扶贫、健康扶贫、生态扶贫等活动；勇于承担急难险重任务，在抗洪救灾、森林灭火等危急关头走在第一线，深获民众的好评。

驻莲部队拥政爱民的事迹，表现在以下三个方面。

其一，积极支援地方的经济建设。驻莲部队在完成其军事任务的同时，广泛开展拥政爱民活动，积极支援地方的经济建设。如争取和推进浦建龙梅铁路的前期工作、赣龙铁路复线建设、冠豸山机场扩能等建设项目，驻莲部队都给予大力的支持。又如驻莲部队与地方共建通往营区的“双拥路”2000 米，将风景优美的广场打造成“双拥广场”，清理河道 4000 多米，植树造林 800 多亩。

其二，抗洪救灾，走在前列。2015 年 7 月 22 日，连城遭遇百年未见的特大洪灾，城乡一片汪洋，许多民房被淹没，灾民被围困。驻莲 94691 部队派出 50 名官兵，94750 部队派出 35 名官兵，县人武部派出 50 位精干民兵，县消防队出动 25 名官兵，武警中队出动 20 名官兵，他们同地方领导干部一起，勇敢地走在抗洪救灾的第一线，哪里危险就往哪里去，哪里需要就到哪里去，及时抢救受困灾民，转移受灾民众。洪水退后又帮助清理淤泥，消毒环境，协助驻地周边的灾民重建家园，为灾民捐款捐物，累计 50 多万元。受灾民众深受感动，称赞驻莲部队不愧为人民的子弟兵。

其三，广泛开展爱民惠民活动，大力支持地方公益事业建设。在每年 8 月间，驻莲部队都派出官兵到连城一中、连城二中、文新中学等学校协助搞军训。开展国防教育专题讲座 30 多场次，参加军训的学生总计有 1.5 万人次，使国防教育安排进课表、进课本、进课堂，把国防教育的内容渗透到品社、语文、科学、数学、物理等学科的教学中。在驻莲部队的支持下，文亨镇成立了全省首个乡镇社会治安军警民联防指挥中心，由驻莲官兵、公安干警和民兵联合组建巡查队，对集镇、农村、部队营区周边进行全方位巡查，开展常态化的治安巡逻，有效地维护营区周边和农村的安全。驻莲部队还经常参与地方的扶贫济困，积极参与产业扶贫、教育扶贫、健康扶贫、生态扶贫等行动。部队医疗队到农村开展义诊活动 9 次，为群众免费体检 3000 多人次。结对帮扶 8 个贫困村、8 个贫困校、1 个贫困卫生院。驻莲部队官兵还经常组织志愿服务队，广泛开展“学雷锋”的爱民惠民活动，时常到县福利院和文亨敬老院开展爱老敬老活动。每年春节前夕，深入社区、农村为民众义务书写对联。深入乡、村开展国防光缆保护的宣传活动。参加驻地的山林灭火救援行动。深入中小学校、社区、居民点开展消防安全防灾逃生演练，深入养老院、卫生院、商场等人群密集场所开展安全大检查。

历年来，中共连城县委、县政府高度重视双拥工作，把它当作一项重要工作来抓，成立了由县委主要领导任组长的全县双拥工作领导小组，建立了一系列制度，如双拥工作例会制度、党委议军会议制度、军政座谈会议制度、军地联席会议制度等，全面落实拥军优抚政策。每年重要节庆日，组织召开军政座谈会，共商军地发展大计，并开展慰问和“军事日”活动。

措施落实出成果。全县共有军民共建对子 50 多个，有 30 多个共建对子被评为省市县“军民共建社会主义精神文明先进单位”，“全国百家军民共建文明村示范单位之一”“省级拥政爱民模范单位”“省级依法治军先进单位”等荣誉花落连城，多人获得“省爱国拥军模范”“省拥政爱民模范”称号，还涌现了一大批在基层平凡的岗位上默默奉献的双拥先进典型。

新时期，连城县将创新机制，打造品牌，谱写双拥工作新篇章。

连城县军民两用机场——冠豸山机场（连城县退役军人事务局供图）

参考资料：

1.《连城县军事志》[（连文）新出〔2010〕内书 03 号]。
2.《连城县创建全国双拥模范县工作汇报》。

全国武术之乡

■ 罗小林

连城武术源远流长，伴随着我县千年的发展脚步，见证了世事更迭的风雨春秋，留存下崇文尚武的精神内核。2001年，国家体育总局授予连城县“全国武术之乡”称号，既是对连城武术延绵发展的高度褒扬，更展现出连城人民在风雨兼程中创造的品牌力量。

全国武术之乡（江兴海摄）

一、连城武术的发展历程

说到连城武术的发展史实，人们往往用一句话予以概括：起于宋代，盛于清朝，光大于现代。这说得不错，反映了连城武术的源远流长，也道出了连城武者千年未曾停歇的脚步。

连城武术人物和事件在史书上的记载最早出现在宋代。《连城县志（民国志）》记载：“彭孙，字仲谋，连城人，少以勇敢自负。仁宗元祐间，率里侠应募”，“邓訾（chá），字晦之，彭孙之婿也。有武才，好读兵书。孙平詹遇，訾谋居多”。这是连城武术起于宋代的佐证。

到了清朝，连城武术十分兴盛。

一是练武场所很多。在许多村庄，各房各姓的祠堂或老屋都供人练武之用。仅塘前乡迪坑村，清朝时至少有练武学堂 7 处，可见当时习武人数之多。

二是有正式的比赛交流活动。在民间，隔田拳师黄观杰在 1665 年设立了“兴武社”，给了隔田人一个交流切磋武艺的平台；在官方，清康熙四年（1665），县令杜士晋建了演武亭，不仅让民众有练武之地，还有切磋武林技艺的场所，可见当时习武之风甚盛。

三是在县域外流传面广。清朝年间，连城武术已在域外多处流传。近的有上杭、长汀、龙岩、清流、宁化、永安、三明、明溪、沙县等地，远的有湖南、江西等省。这说明连城武术有了比较高的声誉，得到域外民众的信赖，已经具备了较强的影响力。

四是考取功名的人数多。据史书记载，仅在清朝，连城考取武进士的就有 12 人，考取武举人的有 121 人。这说明连城习武者多，才可能产生这样一大批的拔尖者。

新中国成立以来，连城武术在继承保留优良传统的基础上，又有了大的提升。

首先，习武形式的转变，使得连城武术传承普及活动非常活跃。早前，连城武术的传承主要在各宗各派、各房各支中进行，少有与他人交流，处于一种较为封闭的状态。20 世纪 80 年代初，福建省体委将连城地方传统武术统称为“连城拳”，自此以后，连城传统武术的传承活动都在“连城拳”这一大框架内进行，各村各姓之间的武术交流活动明显增多。与此同时，连城县武术协会及各分会的建立健全，从组织形式上保证了各种活动的正常开展，大部分乡镇成立了武术分会，许多乡村都恢复了武术队，不少习武者在各地建立了“连城拳传习中心”，连城拳进校园活动得到普及，机关、社区、乡村、企业、军营里都活跃着连城拳人的身影，连城拳培训和演武大会持续举办。以上种种活动，激发了连城民众的习武热情，推动连城武术不断发展，目前，全县经常性参加武术活动的人口达 6 万多人。

其次，群众性和专业性武术活动的共同开展，使得连城武术成效更加明显。据不完全统计，仅 2010—2018 年，连城籍运动员参加全国、省、市的各类武术比赛均取得优异成绩。在竞技武术比赛方面，共获得全国性武术比赛 21 枚金牌，17 枚银牌，19 枚铜牌；省级武术比赛 32 枚金牌，35 枚银牌，25

枚铜牌；市级武术比赛金牌200余枚。在群众武术比赛方面，共获得省级以上比赛255项一等奖，265项二等奖，264项三等奖。

连城武术（连城县文联供图）

最后，注重开展对外交流，扩大了连城武术的影响力。一是参加各级各类比赛，通过比赛，在与各地习武者的交流切磋过程中，展示了连城武术的魅力，推进了连城武术水平的提升，扩大了连城武术的影响力。二是开展对台交流，通过组团互访、召开闽台客家武术座谈会、参加海峡论坛·海峡两岸武术大赛等活动，向海峡两岸同胞展示全国武术之乡的风采，推进海峡两岸武术交流，弘扬优秀客家文化，激发两岸民众的爱国爱乡热情，增强两岸"源深""艺通"共识，加深对两岸文化同根同源的认同。

综上所述，连城客家武术发展经历了一个较长的时期，在这一漫长的时间长河里，连城一批批习武者坚持不懈，承上启下，不仅使武术得到传承发展，同时也丰富了连城客家文化宝库。

二、连城武术的功能价值

纵观连城客家武术的发展历程，之所以能生生不息地存在，并得以不断地发展，是因为它具有适应社会环境、满足社会发展需要的功能。

1. 御敌守土

在社会动荡、外敌入侵的时期，御敌守土是连城武者的必然选择。为保卫家园、抵御外侵而英勇无畏、流血牺牲的事例，比比皆是。为使家园安宁，元代李仲德父子与入侵连城之敌殊死搏杀，悲壮惨烈；清咸丰年间，有黄纪拔、谢龙骧、罗传儒等参与抵抗太平军侵扰连城的行动，血染战场。当外族犯我国土时，连城武者往往挺身而出，涌现了一批仁人志士，如在元代为沿海百姓免遭异族蹂躏而平定爪哇的李文庆，在清代率领台湾军民抗击海寇，屡建战功的邹经……

2. 强身健体

这是生存的需要，也是提高生活质量的需要。

连城地处闽西山区，这里山高林密，水急滩多，人烟稀少，野兽出没，客家先民迁徙到此，面对自然环境差、生存条件恶劣的现实，必须保证自己有强健的体魄，才得以在此恶劣的环境下生存下去。因此，连城武术除了具有御敌的功能外，还能使习练者强身健体，应对恶劣的自然环境。

当生存环境得到根本的改善以后，人民的生活方式也随之改变。练武作为强身健体的一种形式，更是得到大众的喜爱，连城目前有6万多人参加经常性的练武，足以说明其强身健体的作用。

3. 娱乐观赏

连城民间的武术活动是与舞龙舞狮融合在一起的，大凡有武术组织的地方，必有舞龙或舞狮队。每年年底到次年正月，舞龙舞狮队便走村串户进行表演，锣鼓喧天，鞭炮声此起彼伏，热闹非凡，加强了节日的喜庆氛围，深受民众的喜爱和欢迎。这包含了驱邪祈福的愿望，更是民众向往国泰民安的一种情感表达。

连城拳演武大会（李霞摄）

4. 进取功名

唐朝武则天时期开始的武科考试，为习武者提供了走向仕途的平台，考中“武举人”以上者有望出官入仕，“武庠生”也可谋得一官半职，在仕途占得一席之地，他日得以青史留名。这就给习武者增加了一条通道，必然成为习武者的一种追求。明清两朝，连城考中12名武进士和121名武举人，足以说明习武具有进取功名的功能价值。

5. 立德修身

连城的习武者，不仅要习练武术的套路和招数，还必须接受武德教育，“未曾习武先习德”已成为一个规矩。连城人把祠堂作为练武的场所，这是有其考虑的。祠堂内设置有祖先灵位，陈列着祖上家训，内容涉及如尊卑长幼、礼义廉耻、待人接物等生活中的方方面面，是不成文的规矩，有很强的约束力。在祠堂练武，可以让子孙们耳濡目染，学会做人的道理，使之代代相传。除此之外，武术队还专门制定了武德规范要求，包含了对国家、对社会、对他人、对自己的要求，是习练者的道德准则，使习练者在学到武艺的同时，具备吃苦耐劳、坚持不懈的精神，培养坚忍不拔、自强不息的品质，学会与他人和谐相处的方法，达到立德树人、培养健康体魄和高尚情操的目的。

这些功能价值的存在，赋予连城武术丰富的文化内涵。它饱含着爱国爱乡的深厚底蕴，蕴藏着对社会安定、生活安康的追求，联结着人与人和谐相处的纽带，是一笔宝贵财富，必将成为鼓舞我们不畏艰难、奋勇拼搏的精神力量。

名镇名村篇

中国历史文化名村——培田

■ 吴有春

培田村辖于连城县宣和乡，位于县城西南，相隔林坊镇及五磜岭，距离约 20 公里。此程是通往长汀南山、河田的古官道，培田是该道上一处歇息地。南宋末曾有文天祥部属经过，驻于离村 5 公里的洋贝村烂寨（年久破烂故名），附近的文坊项氏与傅家墙傅氏的先祖均为文天祥部将。元代，培田村周边散布有林、曹、马、谢、聂、赖、翁、吴、熊、魏等姓聚族而居的小山庄。明清时期，曾设“义和圩”而繁荣一方。

培田吴氏始祖八四郎公从元朝至正八年（1348）左右迁来，经五代繁衍始称富室。他们尊崇儒道，以农林工商建基立业，以学文习武求取功名，逐渐成为旺族，他姓则渐弱而迁徙别地。

清末朝廷腐败，列强侵犯，割地赔款，人心思变。1905 年废除科举制度，培田人率先于 1906 年筹办新学，1913 年有留日学生吴爱群（字建德）追随孙中山参加同盟会，曾受遣回福州参加反袁称帝活动。1919 年，在民主与科学精神影响下，有留法国学生吴乃青、吴暾、吴树钧学有所成服务国家。土地革命时期，不少村民报名参加红军，朱德、彭德怀等红军将领到过培田进行军事活动，留下许多革命遗迹。

培田传统民居保存了明清时期的风貌，环境幽美，布列工整，同周易风水学说的村落选址原则与模式极为一致。在千米古街两侧存有 30 余座“九厅十八井”形式的高堂阔屋和 21 栋宗祠。周边点缀着 5 个庵庙、6 所书院与塾学遗址。2 座跨路石牌坊，村南者为进士恩荣功名而立；村北者为乐善好施功德，经礼部赐以“圣旨”而立。培田民居被誉为“辉煌客家庄园”“民间故宫”。昆明理工大学教授朱文良评价：“培田民居向人们展示丰富建筑文化的同时，还装载着客家历史文化、系统宗教文化、淳朴民俗文化、宗族自治文化、造就人才的书院文化、改变农民命运的红色文化。”承担培田古民居保护开发规划工作的同济大学教授阮仪三称：“培田作为一个古村落，其建筑布局、结构及装饰艺术之精湛，蕴含文化积淀之深厚，为国内罕见。”

随着保护开发的进程，数十家电视台到过培田采访报道。福建东南卫视、香港凤凰卫视、中央电视台二套与四套也曾专题报道，《记住乡愁》百集纪录片第一集，以“敬畏之心不可无”为主题播映了培田的文化积淀。出版的专著有《培田 · 辉煌的客家庄园》（陈日源、陈福桂主编）、《八百年的村落——培田纪行》（吴国平、曲利明著）、《乡土中国丛书 · 培田》（郑振满、张侃著）、《闽西客家古村落——培田村》（李秋香著）……从不同角度诠释分析了培田的历史文化、农耕文明、政治经济、建筑技艺，图文并茂，色彩纷呈。还有多所院校美术系师生到培田写生创作，有关游记与论文常见报端。

自 2000 年对培田开始保护开发后，2001 年培田古民居群被列为福建省文物保护单位；2003 年公布为福建省第二批历史文化名村；2005 年被建设部与国家文物局授予“中国历史文化名村”称号；2006 年公布为“全国重点文物保护单位”，还由国家旅游局新农村建设发展论坛活动组委会评为“中国最美的历史文化村镇”；2012 年通过了国家 AAAA 级旅游景区验收，评为全国特色景观旅游名村。

中国历史文化名村（吴清熙摄）

连城县坚持“文化传承，文物保护；经济发展，民生改善；生态相融，有机结合”的可持续发展理念，积极推进培田古村落的整体保护、开发与利用，其人文景观与冠豸山的自然风光是绝妙的和谐配对。培田明天一定更美好。

一、村名由来

元至正年间，吴八四郎隐贩于长汀连城，中途常寄居曹溪头柿村坑林家，后来与魏屋女成亲，遂定居于上篱（后改名上里，今名升星村），屋基由魏家提供。上篱北面有一山冈名“松树岗”，其背是一片农田，称背田。八四郎传至孙辈，时为明初，有文贵、藩福、石文、文清四兄弟，他们住于老屋，各有家室，人口日众，力不能合食。文贵思念祖父坟墓在背田西面虎形山腰，隔一冈距家半里，乃于祖坟下之山麓构屋数楹，因位于溪流上游，故称“上头屋”。由此吴文贵将上篱祖屋逊让诸弟，自己家室迁居上头屋。后又在上头屋左旁西北山阿筑楼三间，日登楼可望祖父坟及远眺祖母坟而致思，故匾曰“望思楼”。此后，文贵裔孙在虎形后龙山麓建了“至德衍庆居”“绳武楼”“竹雪园”等多所房屋，形成小村庄。至清康熙年间才形成有街巷及水圳的规模村落。

培田古村落（连城县文联供图）

村落地处背田，用背田做村名意涵不佳。幸好吴文贵曾经请明进士、兵部主事张部撰写《吴文贵上头屋记》，文内将背田改称培田，这是谐音之改，却意义升华。培字意含培植禾苗茁壮成长获得丰收，与田字结合十分恰当；同时也隐含培育后代知书达理，地灵人杰之义。后人遂一直沿用“培田”做村名。

二、村落民居

自明永乐年间吴文贵在培田建“上头屋”“望思楼”之后，后代逐渐在后龙山麓建民居、学舍，然后逐渐向东拓展，至清康熙年间始形成街道与随街伴流水圳，以及两旁的商铺与一些大宅院。到光绪年间又在当今新街西侧建了多座华堂阔屋。较有代表性的建筑有：

衍庆堂。由六世祖尚义大夫吴郭隆建于明成化年间（约 1496 年），坐落在后龙山虎形头部山麓。清乾隆辛巳年冬（1761）整修为祠，名为“衍庆堂”。占地面积约 900 平方米，内含戏台、石狮石鼓、楹联匾额等众多文物。

培田衍庆堂（李霞摄）

官厅。由十四世裔候选州司马吴日炎（号纯熙）建于康熙四十年（1701）左右。背西向东，总占地面积 70 米 ×100 米。外雨坪宽阔，石桅杆功名旌表高竖，石狮石鼓雄踞，据说当年村贤接待来往官员均在此停轿歇马，故名“官厅”。三直五进，后座为课读藏书楼。

双善堂。原由十五世裔贡生吴锦江委仲子操持，建成于乾隆二十年（1755）左右。初名新屋，是当时全村最华美的宅院。至咸丰戊午年（1858）太平军驻村时被焚，幸存左侧外直横屋堪容膝。至同治三年（1864）裔孙贡生吴泰均以教书多年积累，在原基上重建双厅并列的庭院，于1868年落成，堂号取“双善”，意为“善师其善，善记善述，千善万善”之道德追求。

务本堂。由十八世裔国学生吴昌风于光绪丙子年（1876）将旧基重建，右侧向郭隆公尝田让出六尺许，旧基坐北向南改为坐西向东（庚酉向甲卯），外门楼向北，堂号“务本”意为崇孝悌也。该堂内大门额悬挂进士匾，故又称进士第。其内木雕装饰精美，还陈列重约300斤的练武石。

敦朴堂。由十九世裔吴梓均乡贤于光绪壬午年（1882）冬起工,时作时止，经历十年大费艰辛,至壬辰年（1892）才竣工。堂号“敦朴”取意敦厚、质朴、勤俭。其理念是传家之本、立业之基。

继述堂。又称“大夫第”，由十八世裔诰封五品奉直大夫、晋赠四品昭武大夫吴昌同的四个儿子同心协力精心设计而建。始建于光绪甲申年(1884)，历时十年于1894年竣工。它是培田保存最完美的大宅院，占地面积约90米×80米，五列四进布局。堂号取自《中庸》，“夫孝者，善继人之志，善述人之事”。其内梁柱、窗扇木雕装饰精当，楹联、匾额等文物众多。

双灼堂。由十九世裔庠生吴华年建于光绪三十一年(1905)左右,坐西向东，外大门向北,总占地面积约为40米×80米。吴华年字灼其,号桃生,有诗“灼灼其华”赞桃花之美，故名“双灼堂”。其外大门额石刻“华屋万年”，门联石刻“屋润小康迎瑞气，万金广厦庇欢颜”，又有旁联“华国选良材，虎视凤观世第；年丰肇吉地，玉光剑气家风”。细品两联首字恰好嵌入门额四字，既点明屋主名字，又道出屋主理想，因此常令游客驻足欣赏。

除上述有代表性的传统民居建筑外，村内还有几十座历史文化特色明显的民居、宗祠、书院、寺庙、风水楼等建筑。例如有设计合理、工艺精湛的济美堂、如松堂、厥后堂、致祥堂和修竹楼;有始祖祠（敦本堂）、文贵公祠、廷公祠、乐庵公祠（思敬堂）、在宏公祠（笔岫堂）、在中公祠、天一公祠、愈扬公祠、容庵公祠、天锡公祠、配虞公祠、锦江公祠（余庆堂）、隐南公祠、畏岩公祠、衡三公祠、敬彰公祠、仰铭公祠、南邨公祠（教五堂）、久亭公祠（敬承堂）、灼其新祠；有南山书院、紫阳书院、锄经别墅、上业屋、业绍草庐等办学处；有文武庙、天后宫、马头山酬恩寺、胪第庵、云霄山庵等寺庙；有绳武楼、学堂下楼、一舟楼、银库楼、迺榴楼等风水攸关阻挡西北风煞作用的建筑，其实修竹楼、文武庙、小学洋楼和村内一些未知名的老楼，均含抵挡西北朔风之思考而建。一方农耕村落的建筑，对于河面风、山凹风、街巷风，特别敏锐地感知其干湿冷暖，所以农村人对于环境风水的取舍与设计特别重视。

培田古村落的发展与时代兴衰密切相关，时代界线呈现为下列路线：

(1) 山下路，自始祖八四公祠起，经天一公祠、衍庆堂、绳武楼、修竹楼、在宏公祠、畏岩公祠、锦江公祠、文贵公祠至南山书院。这一线是明代培田人的生产生活家园。

(2) 古街，自衍庆堂起，经都阃府、容膝居、愈扬公祠、衡三公祠、久亭公祠、廷公祠、务本堂、双善堂、学堂下至石背角。这一线两侧是清康乾盛世培田人的生产生活和圩期商贸的场所。

(3) 新街，自文武庙（当时称文昌阁）起，经继述堂、如松堂、致祥堂、天后宫至石背角。这一线西侧房屋是清末期所谓“同光中兴”时期的建筑，东侧是田地菜园。它原来是一条石砌小路，宽约 1.5 米，1975 年左右开辟为宣和至罗坊的公路，其东侧才有“塘下坝新村”出现。2008 年因旅游开发，将宣罗公路移至河源溪东岸，并在旧路基上铺设石坂，始成为新街。随着旅游发展，游客人气增多带动了服务商业，从而较古街繁荣。

(4) 新村。由于古村落保护开发利用，需要帮原来住民安置新家，于是在新开辟的宣罗公路培田段北侧建设培田新村。始建于 2009 年，至 2018 年已完成两期建设，100 多户村民迁入新居，喜笑颜开，由衷感恩新时代带来的幸福。如今新村规划宏伟，层楼耸立身姿健，数幢联排气度雄。内有健身活动场地，道路水泥硬化，整齐清洁。周边的闲散地块植树种花，溪流出口筑坝建廊桥，与古代“乐善好施”功德石牌坊相映成趣，是到培田公交车的停靠站，成为当今新培田的门户。在此遥观古村，可抒发古今之情怀，感叹中华文明的进步，增强中华民族伟大复兴的自信心。

三、兴办教育

培田学堂中最早开办的为“石头坵草堂”，后续则由房派族长或名儒办塾学，称学堂、草庐、别墅、书院等。其教学目标主要是参加府试，争取庠生、增生、廪生等秀才功名。获得秀才功名者可成为塾学教师，也常组织“文社”活动，互相切磋诗词文论，提高学识，准备参加省城乡试，争取获得举人以至进士而出仕,或者依例捐为或拔为贡生等待出仕。培田学堂有记载较著者为:

石头圻草堂。由七世裔邑武庠吴祖宽创办于明弘治年间（1500年左右)。聘浙江钱塘人谢桃溪学士（后中进士）教习子孙。明隆庆二年（1568）进士，吏部尚书裴应章赠联“距汀城郭虽百里，入孔门墙第一家”赞其办学成就。

十倍山学堂。由十世裔吴在宏开办于石背山麓，依地名谐音取名。后人又按办学者名，取为“宏公书院”。

白学堂。由十二世裔吴国杭明末清初开办于后龙山南段东麓。白学堂意为传授儒家经典之所（有如白鹿洞书院),此学堂学习内容正是儒家四书五经，故名。

业屋学堂。由十三世裔贡生吴光宇开办于石背山麓，因校址邻近贡生住房“上业屋”，故名。培田十四世至十六世获秀才功名本房族者都出于此。该学堂又称“云江书院”。

岩子前学堂。由十四世裔吴健庵（字乾生）开办于曹溪岩子前，故名。

南山书院。由十五世裔贡生吴锦江开办于乾隆二十年（1755）左右。它位于后龙山北麓，旁有田坑尾朝南，名南坑，村民则称为“南坑学堂”，因坑字不雅，教书先生取“采菊东篱下，悠然见南山”诗意，定名为“南山书院”。这里环境幽美，周边培林蓄竹，植梅种桐，荷池莲红，鸟语花香。院门口有

南山书院(连城县文体旅游局供图)

株几百年的古罗汉松似乎在诉说这里的办学历史。由于南山书院环境幽静，办学成效较前代多且高，吸引了全村目光以至邻村注意。特别是废除科举后率先于 1906 年改办新学，成为全村以至邻村聚合的学校。1945 年成为宣和第一中心小学，1950 年成为吴坊中心小学，1965 年改名培田小学至今。

紫阳书院。该书院由孔圣会—文昌社—修学社—朱子惜字社演变而来。今修葺一新，常引文人笔会活动于此。

四、家训族规

道德是人们生产生活、互相交往中，有利于大家和谐相处于家族、社会、国家和自然天地之间的思想行为准则，是社会和谐的要求，亦是个人品格的追求，更是天理良心的秉承。

《培田吴氏族谱》在不同时代制定了与时俱进,针对现实状况的家训族规。有：

(1)《家训十六则》(制定于明万历年间)

敬祖宗、孝父母、和兄弟、序长幼、别男女、睦宗族、谨婚姻、慎丧葬、勉读书、勤生业、崇节俭、戒淫行、戒匪僻、戒刻薄、戒贪饕、戒争讼。

(2)《家法十条》(定于乾隆五十三年，即 1788 年)

孝悌宜敦、勤俭宜崇、伦常宜肃、廉耻宜励、忠厚宜尚、品行宜端、礼仪宜明、争兢宜平、刑罚宜公、身家宜清。

(3)《族规十则》(制定于同治十三年，即 1874 年)

祖堂，妥先灵而庇后裔;图谱，考世系而知始终;图银，权子母而资修刻;后龙水口，蓄树木而卫风水；前朝屏山，拱祖堂而壮观瞻；路内水圳，护祖堂而便汲饮；冠冕婚仪，荣宗族而继宗祧；丧葬礼制，尽子道而报亲恩；田园蔬菜，备饥馑而佐饔飧；松杉竹木，生财源而资利用。

(4)《公益社章程》(制定于光绪三十二年，即 1906 年)

警察匪盗、严禁赌博、劝戒鸦片、改良地约、平息争讼、振兴实业、修蓄杉竹、崇尚勤俭、敦崇伦纪、修明礼法。

客家族谱一般以祖德宗功激励引导裔众，潜移默化进行道德教育。对于负面现象则立家训、家法、族规、民约来禁戒、警告、处罚，以至送官依法惩治。

上述所录内容可谓将道德观念具体化、条理化，有正面诠释教导又有反面禁忌与治理，令人感到上代村贤思虑之完备精当。

五、民俗文化

客家人来自中原汉族，对于中华文化情有独钟。培田是客家地域内的山村，设有各种寺庙敬拜圣贤。虽然也有男士信道佛，却是人生旅途受挫所致，其实是先儒后道佛的。当今周边寺庙中的住持或敬香者多为中老年妇女，她们并无佛学或道学的理论知识，只觉菩萨是善人或圣贤化身，会保佑大众安康顺遂，盼望发自内心诚敬则能得福祉之灵验。

培田村民习俗，每天早晚敬香三支，一支对天敬于门外或天井前，一支敬于中堂祖宗牌位前，一支敬于“福德土主”神位前。

培田人的民俗文化可归纳为顺天时、求地利、崇圣贤、敬祖宗四项而展开。

顺天时，这是人们对于亘古不变赖以生存的自然规律之遵从，人类早就对日月星辰变化有敬畏，依此可知地理定位与四季节气。每逢初一、十五，老者吩咐青年人出行要多加注意安全，早晚焚香时还要点蜡烛并鸣炮以示特别注意。原来这两日一为月朔一为月望，连潮汐都较他日汹涌，可见老者的敬畏不无道理。甚至每日都要分宜与忌，出行、交友、动土、扫舍、婚嫁、求医、丧葬、祭祀等都常要择日而行动。特别农事与二十四节气、生活与节庆，

培田村口牌坊（连城县文体旅游局供图）

都有密切关系，体现了顺天时对生产生活的重要性。

总之，顺天时，即适时种植、管理与收成；注意天气变化，避寒湿，保温暖，强健体质。人们设各种节庆及俚语，醒时面命。

求地利，这是由于土地是万物生存之基、衣食住行之托、人类生活之本。人们力垦田地，开辟山场，筑陂引水，种植稻菽蔬菜，培植杉竹果茶，养殖禽畜鱼虾。行动上勤于农林牧副渔百业生产致富，而在精神上则设“五谷仙庙”供奉神农，设“里社”祀奉土地伯公。有些村民在田头地尾还设“田伯公”，每年村贤约定新谷初收时择吉日作为“食新日”，每家要用新米饭（或粿）并三牲和酒醴到“田伯公”处去敬香供奉，祈求丰收，同时亦有宣告青黄不接之时已逝之喜。乡民于先人墓地旁立“本山土主”神位，扫墓时必须以香烛酒醴供奉，表示祖神与山神和谐相安，或祈求山神庇护墓地之意。新建房屋奠基时，需敬当地土主神才可动土；建成后，在厅堂神龛下或侧旁需设“长生福德土主”供奉，以求护佑，平安住宿。甚至村内的古井、古树、大石壁也常安神位，对其敬香烛或祭拜，祈求除病消灾。……培田民间保存着《祭里社文》《祭天地求雨文》《新屋上梁祭文》《祭井文》等，其内容主要为祈望土地神明护佑一方、保境平安、驱邪避疫、风调雨顺、四季平安、五谷丰登、六畜兴旺、百业亨通等善良愿望及感恩心情。

崇圣贤，这是人们对于圣人、清官及英雄的感恩戴德、神化崇敬的表现。于是建寺庙、塑神像，永久纪念，择吉祭祀，弘扬他们的伟大精神及千秋功德。

相传远古神农教人们按时令下种，用木料制农具，倡导农耕提供更为丰富的食材，提高人们生活水平；他还尝百草，总结提炼了许多可治人体疾病的药方，解除人们的疾苦。培田人对此曾设“五谷仙庙”敬神农。

孔子，以仁为宗旨办学，“有教无类，因材施教”“化三千得七十二贤人”，被尊为万世师表、至圣先师。关羽，武艺至刚至强，礼义信悌全备，盟誓桃园，义德参天；扶危汉室，英雄入圣。他俩一文一武，誉满中华。培田人在村南水口胜境立庙塑像敬拜二位圣人。

妈祖，相传是莆田湄洲舍身救助海上遇难渔民的侠义女儿。其精神感天动地，被赐为护航海神、天后圣母，是出外从事士农工商者一路平安、事业顺利的保护神。培田人于乾隆年间结社建造“万安桥”时，在桥头辟地立“天后宫”祀奉妈祖雕像。

唐亡后进入五代十国，梁朝封王审知为闽王，他奉行养民生息、修好邻蕃的政策，在动乱年代保福建一方平安稳定。他招怀流散民众，借种贷耕，使流离失所的农民有安居乐业的家园，赢得福建人民的纪念，被奉为神明。福州及泉州都有奉祀他的寺庙。河源十三坊（即洋贝、岗背、吴坊、上曹、中下曹、城溪、黄沙、科南、文坊、洋坊、张家营、朋口、马埔）联合起来于明弘治年间从泉州引入洋坊，此后在马埔建“琀瑚庙”祀奉，每年从该庙迎接到上述十三坊依次轮值敬拜一年。进入21世纪后，轮值年为2004年、2017年，因吴坊含培田、升星、紫林、前进四村，人口五千余，较他坊地广人多，故尤其热闹非凡，特别是2017年福州王氏还组团将王审知塑像运来参加盛会。

敬祖宗，这是客家人情有独钟的大事，他们在迁徙途中常携带祖传族谱，甚至上祖骸骨也要迁到落脚地。若干代后，裔孙忘不了寻根问祖，如果能找到上祖家乡，认清血脉传承，则大喜过望。定居后随着经济好转，则数位子孙联合起来为上祖建祠,或将上祖住房改造成祖祠。祖祠内设神龛及祖宗牌位，以便在农历三月、八月扫墓时以及在新春正月拜图时，举行家祭。若能请到达官贵人或名士文人为祖宗写行略、寿序、墓志铭，将祖宗平生德行记述明白，让后人铭记仿效，则是子孙的孝行义务。《培田吴氏族谱》中这方面的记载约占四分之一。男婚女嫁时，必须到历代祖祠敬香烛鸣炮以告，才可去迎娶或出嫁。丧葬后的考妣灵牌要送到祖堂去焚烧，表示归宗永享族内的香火。

上述风俗随着现代人生活节奏的加快，乡村青年一代外出求学务工，旧传统已显得烦琐不便，有所淡化并改革从简。

六、八景古今

明万历年间，培田文士曾命名“云霄风月”“苦竹烟霞”“松冈琴韵”“新福钟声”“崇墉秋眺”“总道宵评”“曹溪耕牧”“魏野渔樵”等八景，作诗词赞咏家乡田园风光、农作丰稔情景。至今村人寻芳踏迹，体验诗情画意，依然认同。星移斗转，至清光绪年间已过260多年，明代八景有数处湮没于历史沧桑，如“崇墉秋眺”土楼已坍，改建文昌阁；“苦竹烟霞”的斋庵以及

“云霄风月”的般若堂与水月精舍已倾颓，无人修葺，却另辟马头山酬恩寺。因此，光绪年间几位秀才与时俱进，另撰“杰阁吟风”“西山树色”“马刹晨钟”“南院书声”“古寨观耕”“芳泉趋汲”“平桥望月”“蛟潭晚钓”等八景的七律或七绝，来抒发对于家乡幽美环境与耕读传承的爱恋与深思。

培田为国家 AAAA 级旅游景区（周彩霞摄）

21 世纪伊始，随着改革开放的步伐，为保护培田明清时期的传统建筑技艺，为记住培田历史文化传承，发扬客家艰苦勤劳及敬业勉读精神，在上级党政的领导支持下，村民积极配合家乡的保护、开发与利用，古村落面貌焕然一新，又唤起当今培田退休教师的新咏意兴，以民居环境及周边胜景的古今变化实际印象作《古村新姿》《荷塘夏韵》《祖祠衍庆》《书院传承》《高阁文昌》《新村展望》《魏野怀古》《松冈联谊》《西山叠翠》《妈祖庇祐》《马山佛光》《朱孟垂钓》等多首诗歌赞美旅游景点，表达感恩新时代，建设幸福家园，复兴中华民族大业，建设富强文明国家的美好愿景。

七、后记

如果将五千年中华文明比喻为一株枝繁叶茂的大树，那么现代城市文明就像迎风招展的枝叶与五彩缤纷的花果，十分光鲜诱人，预示未来；深藏于广袤乡村的文明则像树干与延伸于沃土的根脉，十分久远常恒，可资思源。

培田在观今鉴古及思索未来中被发现、保护、开发与利用。培田当今的成就，是在国家改革开放进入新时代，呈现历史上未曾有过的中华盛世条件下产生的。我们还需追求完美，做到可持续发展。希望后辈励志思行，勇于担责，继往开来，紧跟新时代步伐，创造更辉煌的未来。

中国历史文化名村——芷溪

▪ 黄茂藩

芷溪今貌（黄广焱供图）

走进中国历史文化名村芷溪，便走进一方古老神奇的水土，可以欣赏到明清时期宏伟精湛的建筑文化，领略客家人开疆创业、忧国忧民的博大胸怀，感受儒家思想的传承发扬，同时也走进客家人丰富多彩的民俗风情中。芷溪是中国传统古村落，北宋以来，有邱、华、杨、黄、卓等姓客家人开基居住。黄、杨两姓人口居多，成旺族。祖籍芷溪的外迁后裔还有数万人，分布于四川、贵州等地，其中黄姓邓斌公外迁台湾，居台南一带。先祖们秉承客家人开拓进取、吃苦耐劳、勤学精进、崇文尚武、奋发进取的精神，历经世代繁衍，瓜瓞绵延，如今在 10.8 平方公里的狭小葫芦形盆地上生活着近 3000 户 15000 多口人。

芷溪位于连城县南部玳瑁山西侧，东经 116 度，北纬 25 度，属东南丘陵丹霞地貌，东邻庙前村，南接丰图村与上杭县蛟洋镇，西倚上杭县南阳镇，北靠新泉镇，距连城县城 48 公里，距龙岩市区 65 公里，距冠豸山火车站 28

公里，距冠豸山机场 46 公里，319 国道、龙长高速公路贯穿全境并建有互通和服务区。芷水穿村而过，下新泉、奔上杭，汇入汀江，是与外界通商、旅行的重要水道。区位优越，交通便捷。

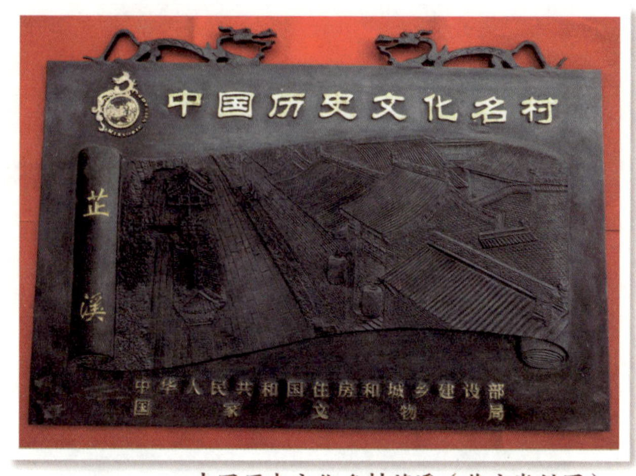

中国历史文化名村芷溪（黄广焱供图）

芷溪因古时村边溪流两岸长满芷草而得名。其悠久历史可追溯到新石器时期，1987 年福建省考古队在芜山岗中心坪曾发掘出新石器时代的石器和商周时期的陶片，以后在华屋坡也发掘过新石器时代的石钺。龙长高速工程开挖时，省考古队在阁康发掘出新石器时期的墓葬群。南宋以前属新罗县、长汀县，南宋绍兴三年（1133）置莲城县，属表正里。元代相袭，明代汀州升为路、府，芷溪属连城县表席里。明清至民国时期，芷溪设保，属连城县，后为崇新乡政府所在地。苏维埃时期，芷溪均为区政府所在地（地点为黄翠畴公祠）。在那风云激荡的年代，芷溪人民较早觉醒和奋起，五四运动后，芷溪有志青年黄鸣谦、黄翼深、黄永源三人自费赴法勤工俭学并结识了周恩来、邓小平、李富春等；黄海寻找救国救民的道路，远渡东洋留学日本，接受民主思想启迪，加入了孙中山领导的同盟会；黄中越等人考入黄埔军校，致力于国民革命。

1929 年，毛泽东召开工农商学座谈会地址——澄川公祠（黄广焱供图）

芷溪是中央苏区。1929 年 5 月 21 日，毛泽东、朱德率领的红四军入莲，传播革命火种，点燃了芷溪的革命斗争，在坪头“掌上珠”召开群众大会，宣传革命道理，号召穷苦农民参加红军。1929年6月，红四军攻打龙岩回师新泉整训期间，司令林彪率领一纵队官兵到芷溪开展扩红工作，住在“乔荫堂”，司令部机关设在翠畴公祠。1929年6月6日，芷联村首先成立长坑村农民协会和赤卫队，黄孟伊为农协主席、赤卫队长。1929年7月，毛泽东在傅柏翠陪同下，在澄川公祠召开了工农商学座谈会。1929年11月，在清正甲（文清公祠）最早成立芷溪乡苏维埃政府，黄正芳任主席；同时建立芷溪乡党支部，黄赞河任书记。1930年底，红军第七军团政治部主任刘伯坚夫人王淑振受中共闽西特委派遣到新泉县苏指导芷溪一带的妇女工作，之后在文清公祠生下第三个孩子刘熊生。为了革命，于1931年3月20日，她将还未满月的小孩送给贫农黄荫达夫妇抚养，留下遗嘱（此《嘱子书》现存于中国人民革命军事博物馆）。1932年初，芷溪成立了区苏维埃政府，区苏机关设在翠畴公祠。1934年10月，红军长征后，芷溪革命群众一直支持游击战争，直至解放。现在，芷联村坪头村被评定为省级革命基点村。县级革命基点村还有芷溪、芷红、芷星、芷民4个村。在中国新民主主义革命斗争时期，芷溪人民为革命事业做出了巨大贡献，有姓名在册的82人献出了生命，成为革命烈士。目前，尚保存林彪旧居、王淑振旧居、老红军杨采衡故居，以及三年游击战争时期兵工厂旧址（松树坝止斋公屋）、地下党游击队革命活动旧址（背园谷堂）、赤卫队队部旧址（宗旺公祠）。

芷溪人多田少，为了谋生，自古以来经商的人特别多。明清时期商业发达，特别是清康熙年间，至潮州的航运开通后，一方面芷溪当地拱桥店、凉棚街、三角坪和十字街道兴建起来，另一方面外出经商的人也逐渐多起来。芷溪的繁荣使其成为连南一带的商业中心。经商有三种形式，外出做大生意的，经营木材、纸品、烟丝等，

芷溪书屋（黄广焱供图）

并出现了许多巨商大贾，最为出名的杨姓有父亲云岩和儿子峻亭、西林“两代三个百万公”。在家乡开店的，经营布匹、大米、日杂、米酒、药材等，更多的是赶圩的商贩摆摊，也有既开店又赶圩的。新中国成立前后，比较著名的商号有“大兴昌”“广安”等纸行，“玉壶春”“经昌店”等酒店，“子铭医院”“宗文药房”“种寿堂”等药店诊所。神树山的牛市场曾经非常繁荣，吸引着方圆几十里的客商。

芷溪历来重视文化教育，名重四方。明清时期，出了文武进士 23 人，举人 51 人，秀才 300 多人。民国时期，赴日本、法国留学 4 人。外迁福州的裔孙杨簧一支更是人才辈出，有“进士门第”“海军世家”美誉，名人有民国海军上将杨树庄及冰心等。著名人物有连城十大历史人物进士杨簧、上将杨成武、全国政协副主席杨汝岱等。杨成武将军祖籍芷溪背园，其祖坟祖祠仍在，杨将军曾说：“我也是芷溪人。”明朝中叶，黄万德、黄万诚兄弟创立了首家书院“桃源精舍”，至清朝康乾盛世，乡贤们陆续创建种石山房、琢玉山房、蹑云山房、北溪草堂、仙高岽书院和 10 多家私塾。民国和苏维埃时期，先后建立多所新式小学和工农子弟学校。抗日战争时期，省立龙溪高级工业职业学校迁到芷溪办学。1943 年秋，乡贤黄祖香等人创办连城县第二所中学（现连南中学）。

芷溪民众重视宗祠建筑，缘于客家人慎终追远、敬祖睦宗的传统美德。现存的明清古宗祠 74 座，古民居 139 幢。这些规模宏大的明清古建筑，被专家学者誉为“客家大宅门”。这些古建筑除一部分是专门用于祭祖联宗外，其他都是祠居合一的复合型建筑，普遍采用客家地区“九厅十八井”结构布局建造，门庐威严，庭院宽阔，雕梁画栋，飞檐斗角，雄伟壮观，美轮美奂。这些建筑设计科学、实用性极强，且有丰富的文化内涵。门窗天井通风采

航拍渔溪公屋（黄广焱供图）

光良好，热天不闷热，雨天不潮湿。与此同时，在设计上还兼顾了防火防洪防盗等功能，房屋内有月池、水井、花圃，月池还可种莲养鱼以供观赏。围墙外引溪水至沟圳环绕而过，既利洗涤排污，又利蓄水救火。有的古民居还设有学堂书院，供子孙读书之用；还有花园，供休憩游玩。芷溪古宗祠古民居文化内涵极为丰富，特别是门楼、窗户、屏风、照墙、洞门、屋脊等的石雕、砖雕、木雕、灰塑十分精美，屋内的雕梁画栋、壁画牌匾多出自名家官绅、能工巧匠之手，如现存朱熹、黄庭坚、何绍基、邱振芳、孟超然、伊秉绶、廖怀清、林则徐、杨簧等名人的墨宝，又有众多朝廷州府所赐的功德牌匾。最为著名的建筑是被评为国家级、省级历史文物保护单位的黄氏家庙、杨辉公祠、龟山公祠、澄川公祠、翠畴公祠、渔溪公屋等22处。保存下来最古老的是明末的黄华岳公祠。朝廷赐建的是孝友祠。2010年，芷溪因明清古宗祠古民居规模大、数量多、品位高，被住房和城乡建设部、国家文物局评为第五批中国历史文化名村。

芷溪的客家民俗文化也独具特色。农历正月有出游花灯、红龙缠柱、犁春牛、十番音乐、走古事、汉剧演出等。芷溪汉剧团创建于1930年，前身是芷溪乡苏维埃文化娱乐的组织“俱乐部”，至今已有89年。特别值得称道的是芷溪花灯，自康熙年间杨燕山之妻吴二姑从苏州引进，迄今已有300年历史。花灯由99盏灯组合而成，色彩斑斓，美轮美奂。出游前后均有繁复礼仪，按姓氏轮流值年，叫“出案”，配以锣鼓、十番，热闹而神圣。1998年，“芷溪游花灯”的元宵活动被评为国家级非物质文化遗产。

芷溪花灯（黄广焱供图）

芷溪山清水秀，著名景点有：

（1）岽高近仙（仙高岽）：仙高岽位于芷溪西南群山间，地僻人踪远，岽高仙语近，建有白云寺。明朝崇祯年间建书院，同邑名贤多在此讲学，更为纳凉避暑胜地。

（2）桃源探幽（桃源山）：桃源山地处幽境，建有鹿苑寺，寺前有仙泉，为“良田美池桑竹之属”。芷溪先民曾在此建书院——桃源精舍，为先贤讲学读书佳处。

(3) 嶙石飞瀑（狐狸洞）:狐狸洞怪石嶙峋，山泉飞瀑，水影清净，绿树丛生，芳草环绕，常有小童戏水其间。

(4) 神樟庇荫（神树山）：神树山有数百年樟树十几棵，建有安民庵。樟树庇荫，葱郁清凉，山泉绕流，为纳凉胜地，曾有芷溪耕牛市场和古戏台。

(5) 芷水清流（竹坑桥头，也是航运码头）:芷水蜿蜒，古樟婆娑，村姑浣衣，笑语娉婷，锦鳞游泳，小鸟啾鸣。船舶来往，穿梭其间。

(6) 古寨清风（寨上）:寨上为黄姓始祖庚福公开基种茶之地，幽幽古寨，古树蓊郁，古道绵延。

(7) 清泉映月（滚陇井）：滚陇井天然形成的山涧水潭酷似柳宗元笔下的小石潭，为清幽阴凉之处，石壁上有刻字。月圆之夜，影落潭中，映入井中，颇有“对影成三人”之境。

(8) 田原古松（埯坪）：经阁康沿幽谷至埯坪，豁然开朗，梯田层层，又有百年古松，虬枝卧地，浓荫如盖。松下为埯坪公王，其侧建有路亭，为上山路人和耕作农人休憩之所。

(9) 金石夕照（金石砦）：金石砦为芷溪境内西北方向能见的最高峰。其峰形似金字塔，相传探有黄金。落日余晖斜抹山顶，偶有彩霞满天，为观日落佳处，也是九月九登高的好去处。

走进芷溪，在你眼前展现的是一幅光彩夺目的历史文化长卷，正如福州才子邱振芳在集鳣堂内书房所撰写的楹联云：“一万家炊烟归眼底，宜风宜雨宜雪月；三四面风影到眉睫，亦诗亦画亦文章。”

芷溪村全景（黄广焱供图）

中国历史文化名村——璧洲

■ 林家新

璧洲，2012 年被住房和城乡建设部、文化部、国家文物局、财政部授予“中国传统村落”称号；2018 年被住房和城乡建设部、国家文物局授予“中国历史文化名村”称号。

客家风韵，古村璧洲，位于世界 A 级自然保护区梅花山麓，是莒溪镇的西大门，距国家 AAAA 级景区冠豸山 30 公里，离冠豸山火车站 7 公里，交通便利。在村北面高寨顶山下，一条清水从东往西蜿蜒流去，南面的石坑顶山脉延伸至河边，展开了一片平坦的盆地。这里四面青山环抱，古树苍翠，风景秀丽;这里土地肥沃，稻谷飘香;这里客家民俗文化保存得当，人文荟萃，古韵流芳；这里廊桥横跨，宫、祠、庙、民居，错落别致，古色古香。

一、村庄概况

璧洲是莒溪镇最大的行政村，村域面积 16.2 平方公里，古村落面积 94 公顷，耕地面积 5000 余亩，山林面积 2 万余亩。自南宋开基立业迄今 800 余年，居民有林、吴、黄、罗等姓氏，户籍人口 3200 余人。璧洲吴氏开基祖吴十六郎（吴至德）原籍江苏吴县横塘，送赐进士出身，官至户部尚书，绍兴年间奉简入闽，后隐居于璧洲，卜居圳头，创置产业。林氏璧洲始祖十五郎，原籍莆田澄渚，南宋末由闽侯甘蔗洲迁入;黄家是清康熙初年由连城分支到璧洲;罗家是 1954 年亨子堡开机场移民来的。

宋绍兴三年（1133）以前，今宣和、朋口、莒溪为河源里，辖于长汀县。1133 年，置莲城县，朋口、莒溪为河源下里，属莲城县。元至正六年（1346），莲城县改为连城县，璧洲村一直隶属连城县。民国时期为璧洲联保，其后撤

璧洲全貌（林家新供图）

联保办公处，改设乡公所，莒溪、璧洲、屏山 3 个联保合并成立三民乡。新中国成立后，1958 年更名为莒溪公社璧洲大队，1984 年更名为莒溪乡璧洲村，1993 年撤乡建镇，更名为莒溪镇璧洲村民委员会。

二、传统建筑

璧洲古村落形成时间在南宋末年至清末期间，主要是明清时期，随着造纸业发达经济繁荣后，先祖建造了廊桥、学堂、寺庙、古祠堂和古民居。这些古建筑古民居都属砖木结构，砖墙瓦顶，灰塑醒目，楼檐叠砌，层次分明，门楼高大华丽，庭院舒适，飞檐翘角，雕梁画栋，装饰典雅，蔚为壮观。据统计，全村共有南宋、明、清时期古建筑、古民居 100 余处，2008 年第三次全国文物普查登记现存比较完好的有 21 处，另外还有两口古泉、一口古井。

有别于其他客家村落，璧洲古建筑以公共建筑为特色，数量多且宏伟。位于水尾的永隆桥、天后宫、文昌阁三座省级文物保护单位依山托水，连成一体，布局严谨，体现了人和自然的和谐统一，为客家士庶建筑的巅峰代表之作。以林、吴、黄氏宗祠为主的宗祠布局是典型的棋牌型，体现了客家宗祠是客家人敬祖睦宗、维系族人感情、增进团结的文化纽带。

古民居则以九厅十八井格局聚居，体现其家族人丁兴旺，有利于团结和

三星拱月（林家新供图）

睦，发展生产，改善生活，安居乐业。一般农户的上下厅八间头又称四点金，则是京城四合院的缩影。

这些不同风貌的古建筑选址布局都有一定科学依据。如水尾的三座省保单位建筑、村中心的祠堂老屋古民居，四周群山环抱，璧洲溪清流如带，中间盆地宽广肥沃，是典型的民间朝山聚气的格局，是一个适应农业耕作、人居繁衍的好地方，也是璧洲几百年来人文传承最核心的“风水”。

三、民俗风情

璧洲村民勤劳朴实、艰苦创业，人民在劳作之余，为了庆祝节日、祭拜祖先，奉祀历史功勋卓著的名人和英雄，还传承立春时节游春牛、正月元宵节和二月游龙、游龙灯、游船灯、装古事，八月十五跳海清等独具特色的客家民俗活动。

二月二奉祀公太（闽王王审知）：与福建全省各地祀奉功盖八闽的唐闽王王审知一样，人们尊称他为“玪瑚公太”。传说明朝初年，河源里十三坊轮流祀奉“公太”，规定每年农历二月初一为“公太”回马埔玪瑚庙，初三为迎奉“公太”进村。而席湖营、厦庄、璧洲因路程较远，难以及时赶到赴会。到明朝中叶，这三地群众就分出香火各自建庙奉祀，于是璧洲在明朝万历九年（1581）兴建“永兴庙”。自此，每年农历二月二“龙抬头”之时，举行全村最隆重的纪念闽王王审知活动，并举行长达两天的游龙灯、船灯活动。

妈祖信俗：2009 年妈祖信俗列入国家级非物质文化遗产，同年 9 月 30 日列入世界非物质文化遗产目录。清乾隆六十年（1795），壁洲村兴建天后宫妈祖庙，每逢九月初九举行盛大庙会“打醮”，形成祭祀、消灾、祈福习俗。

宗祠信俗：吴氏宗祠、黄氏宗祠、林氏宗祠及林氏四房宗祠每逢正月进行隆重的祭祀、拜谱、登记添丁、告祖、上座、闹祠、议事、寄存、歇祠等习俗。祭祖是客家传统习俗，郊祭与庙祭是中华古老传统，两种祭祀传统在社前世代相传，形成颇具特色的祠堂文化和祭祀风俗。

南宋灯笼游制习俗：“游灯笼”的历史非常悠久，完整保留着南宋时期的灯笼制作精湛技艺和出游规制，被民间称为“南宋灯笼活化石，客家文化的桃花源”。每年正月十四、十五和二月初一、初二都必须游灯笼。壁洲南宋灯笼独具特色，采用纯手工万字眉，上中下三层，左右两侧，一版灯笼多达 20 多盏灯。万字眉有抵挡邪恶、驱逐病魔之意，代表幸福、吉祥、平安、万福、万寿。客家龙灯是客家人祈福消灾的方式。客家民谣中有言“龙灯入屋买田造屋”，充分体现了客家人对于龙灯的崇敬。

为了更好地传承灯笼文化，壁洲村从 2016 年起连续举办了 4 届灯笼文化节，其内容丰富多彩，参与活动人数众多，吸引了省内外无数宾客，还有外国人不远万里来看热闹，甚至参加品酒会猜拳活动。其间，安排了上午游公太，下午抓鱼闹春田，观赏百亩油菜花、200 米风车廊、舞狮武术表演活动，品尝客家美食，观看小学生朗诵古诗词、青年男女宋服走秀。晚上，省级非物质文化遗产代表性项目壁洲龙灯璀璨登场！它采用扎、刻、裱、粘、画相结合的制作工艺，极具特色。游龙由龙头、龙身（一圈接一圈）、龙尾三部分构成。龙灯、龙头、龙

壁洲游灯笼（林家新供图）

尾一出场，各家各户的灯笼连接成一条长达二三百米的长龙，在全村主干道巡游。最后集中在村部广场滚龙（称之为“圈龙”）近一个小时，伴随着鞭炮烟花齐鸣、锣鼓喧天、群龙共舞，活动推向高潮。人声鼎沸、激情澎湃，文化氛围浓厚热烈，看客云集，热闹非凡。

四、传统文化

璧洲村传统文化遗存众多，是客家文化的重要组成。特色文化有武术文化、灯笼文化、祠堂文化、族谱文化、乡贤文化、家礼文化、匾额文化、建筑文化、饮食文化、会社文化、茶文化、寿文化、婚嫁文化以及诗词、书法、音乐、传说、故事等，分别在《中国廊桥》《福建通志》《连城县志》《连城文史资料》《连城名人故居》《连城好故事》《连城匾额》《璧洲林氏族谱》《莒溪镇志》《客家地名文化》《客家》等出版物中有所记载。

璧洲武术（林家新供图）

璧洲武术传入在南宋末，属于中国南拳流派。每逢节日喜庆，必有舞狮武术表演。璧洲狮是青狮，据说青狮要比黄狮大，这是“根上生根”与“叶上生根”的区别。清代至民国时期习武之风盛行，最高峰时璧洲有 8 个武场，新中国成立至今还有 2 个武场，利用农闲节假日进行师带徒传习。2016 年始，武术进校园，小学组织武术兴趣小组，由村武术队员当教练，进行武德武艺的教学活动，达到强身健体、修身爱国的传承作用。

五、历史人文

族谱是写在纸上的故乡，是寄托乡愁的信物。重视修编族谱，可以宣示

走在永隆桥鹅卵石上（林家新供图）

慎终追远、不忘祖根的情怀。

《璧洲林氏族谱》历经明代、清代、民国、1983年、2004年多次修编，详细记载了本脉源流、繁衍、搬迁的情况，以及历朝历代科考、功名封赠恩荣，涉及全国10个省、自治区、直辖市和多个国家、地区的外迁后裔。全村先后出有文武秀才90余名、文武贡生60余名、文武举人8名、文武进士各1名。据不完全统计，先后有大学本科以上学历300余人。在各条战线的杰出人才有全国劳模1人、全国五一劳动奖章获奖者1人、省劳模2人、省优秀共产党员1人。

璧洲自康熙时期起，林上萃、林上薰、林其河、林其沛、林之璆、林之坤、林之玠、林子俊、吴勋一、黄林宴等10人因科举落榜，决定振兴教育，创立“文昌社”，兴建文昌阁，进行学堂教育。中共福建省委原书记项南少年时，其父感于璧洲学堂教育之昌盛，送子到此接受启蒙教育。文昌阁建成后，历来是培养人才的摇篮，有厅、处、科级干部，有工程师、农艺师、会计师、教授、博士生、硕士生、企业高管、商界精英、中小学高级教师和主任医师以及部队师、团、营干部等。

六、红色文化

土地革命战争时期，毛泽东、朱德、陈毅等老一辈无产阶级革命家在连城新泉等地进行革命实践活动。连南十三乡武装暴动，建立了红色政权，大大鼓舞了周边各村农民的革命热潮，农民纷纷组织农会打土豪分田地。

1929年秋，朱德率领红军从朋口进抵璧洲，在村尾天后宫驻扎。其间进村宣传发动，号召农民兄弟起来进行土地革命，打土豪分田地，动员年轻人加入红军队伍。林庆新当时19岁，小学四年级文化，当即报名参加中国工农红军，随部队在连城姑田、北团学习训练，参加几次战役，历任红军排长、连长、营长。1931 年，红军队伍前往广东执行任务，林庆新在广东蕉岭战役中英勇牺牲，为革命烈士。另据老者传述，朱总司令在璧洲去老街道理发，理发师傅是吴劳孜。

1930 年 8 月 8 日，璧洲村在吴太灵老屋召开村民大会，成立璧洲村苏维埃人民政府，选出吴道生任主席，林堂保任副主席。会议由闽西苏维埃政府主席张鼎丞主持，并做了重要讲话。会后不久，又在大屋里（林氏宗祠）召开群众大会，提出“二五”减租减息的决议。

以下罗列一些当时在璧洲古屋、古亭、古祠刷写的红军标语：

1. 林坑亭内墙用墨写的标语：国民党就是刮民党。

2. 吴家大院正厅两边墙上刷写的标语：

（1）农民起来实行土地革命打土豪劣绅！

（2）打倒日本及一切帝国反动派！

（3）驱逐帝国主义从中国滚出去！

（4）只有苏维埃才能救中国！

3. 公珍公祠堂墙上刷写的标语：

（1）打倒屠杀抗日及反帝群众的国民党军阀！红进（二）宣

（2）白军弟兄想要真正抗日反帝只有暴动起来当红军！红进（二）宣

（3）要打倒帝国主义就要打倒国民党军阀！红进（二）宣

4. 仲三公老屋墙上刷写的标语：

（1）扩大一百万铁的红军驱逐帝国主义！红军进丙机三班宣

（2）打倒出卖民族利益的国民党！红军进丙机三班宣

（3）欢迎十九路军抗日的士兵拖枪来当红军！红军进丙机三班宣

综上所述，璧洲民众热烈欢迎红军的到来，并积极参与土改运动，红色政权牢固掌握在劳苦大众手中，不畏艰难险阻，听从中国共产党的指挥奋勇向前。

七、振兴乡村

璧洲村传承着客家精神：开拓进取、艰苦奋斗、崇文重教、爱国爱乡。

二月二璧洲夜景（林家新供图）

20世纪70年代，璧洲大队党支部带领全村人民种植柑橘，兴建电站办企业。20世纪80年代，老百姓积极性高涨，家家户户都种柑橘，出现种植大户，增加了村民的收入。村财不断发展壮大，给村民发放福利。每人每月发3元煤钱，60岁以上老人过年有红包。小学生免费上学，设立了奖学奖教金。新建了小学、医疗站、图书室、璧洲大桥，村大道铺上了水泥路，维修了文昌阁、永隆桥。1984年9月，璧洲村被评为省文明村。2018年，被评为福建省美丽乡村。

在改革开放的新时期，璧洲年轻人不畏艰难，勇往直前，奔赴全国各地打工创业办企业。各位乡贤秉承着爱国爱乡的情怀，成立了璧洲村振兴促进会，为村两委献计献策、出钱出力。如在永隆桥上游又建造一座钢筋水泥桥，在老人协会办起了璧洲老人公共食堂，为青年人举办征婚大会等。

有着光荣传统的璧洲人民在这新时代新征程的路上，在村两委的带领下，发扬“璧洲人奋发拼搏、敢为人先”的精神，焕发着无限生机，为振兴璧洲、建设美丽的新农村、实现中国梦而努力奋斗！

福建省历史文化名乡——四堡

▪ 吴德祥

一、四堡概况

四堡乡位于连城县北部，武夷山脉南段的鳌峰山麓西面的长条盆地上，南邻北团，西接长汀，东部和北部靠清流，是连城、清流、宁化、长汀四县接合部，乡域面积58.8平方公里，耕地面积11092亩。辖27个自然村，划分为中南、四桥、雾阁、田茶、团结、双泉、上枧、黄坑、腊坑等9个行政村，现有人口1.67万人。省道建文线穿乡而过，像一条线串起各个村庄。乡政府驻地雾阁，距县城26公里，交通便利。

新中国成立前，四堡属长汀辖区，宋代称汀州府永宁乡四堡里。1951年2月，四堡划归连城。由于明清时期雕版印刷业兴盛带来经济文化的空前繁荣，四堡至今仍保存着辉煌史迹。1999年，四堡被省政府列为“省级历史文化名乡”；2001年，四堡50处古书坊被国务院列为“全国重点文物保护单位”。

省级历史文化名乡连城县四堡乡（吴德祥摄）

明清时期，商业和手工业逐渐受到重视，四堡商品经济有了较显著的发展，在一定程度上冲击了耕织结合的传统农业。

闽西山区，林海茫茫，物产丰盈。竹木的盛产为造纸业、雕刻业及制墨业都提供了丰富的资源，直接促进了四堡雕版印刷业的兴起和大规模的发展。

到了清乾隆、嘉庆年间，四堡书坊已有100余家，遍布雾阁、马屋、枧头、严屋4个自然村，较著名的书坊有林兰堂、祖述堂、翰宝楼、碧清堂、文海楼、素位堂等40余家。马云章的回忆文章《四堡印书业的兴衰梗概》称，当时马屋“印坊栉比，刻凿横飞，从事印书业者不下一千二百人，约占人口总数的60%”，可谓“家家无闲人，户户有书香”，可见当时印刷规模之大，印刷业之兴盛。

四堡雕版印刷业以家庭或家族为单位生产经营。资金由民间自筹，生产中所需材料：一靠购买，如纸张。当时四堡邻近的姑田、治平都是著名的造纸之乡。二是自制，如雕版的烟墨等。当时的四堡地区有大片的原始森林，可就地砍伐制版和烧烟墨。一个房族几十口甚至上百口人同居共灶，构成一个经营单位，由有能力、善经营者管理，男女老少分别承担不同的工作，从印刷到布点、发售等都有专人负责。随着生产规模的扩大，需求产量的增多，家庭内人手不够时，也雇请外来工匠帮工，如马屋林兰堂曾雇请数十个江西浒湾的工人来雕刻印刷。

书籍的销售起初多由家庭成员来完成，因初始印刷规模小，就由家庭成员以肩挑的方式四处兜售。后来随着规模的扩大，便发展为批发给专营贩书的书商，如当时江西浒湾就有许多书商到四堡驻地采购书籍外销；也有的由家族内分化出专人到各销售点开设堂铺专营销售，如果销路好，运书已供不应求，就把雕版直接运往当地印刷出售，如雾阁素位堂、马屋林兰堂等就曾把书版运往漳州和广东、上杭等地印刷。

四堡的雕版印刷业有“垄断江南，远播海外”之说。据统计，销售网络遍布了我国长江以南的13个省150多个县市以及部分东南亚国家和地区。而这广阔区域的运输仅仅靠马车、独轮车、人力肩挑和船运来完成，可见当时的经营之难。

四堡印刷的书籍种类繁多，据统计有9大类1000余种，而印刷上的一些独特方式，颇具版本学研究价值。如袖珍小书《论语》，长仅7.5厘米，宽5厘米，字最多的一页印有260余字，字虽小却清晰可认。更奇特的是，一本书同刊

四堡雕版（吴德祥摄）

两部小说——《三国演义》与《水浒传》,上半页刊《三国演义》,下半页刊《水浒传》，中间用墨线分开，在同一本书中可同时读两部小说。还有连环画《梁山伯与祝英台》，以及连史套印的《西厢记》，黑字、红圈点等，都是古籍中少见的珍品。

四堡雕版印刷业从清代至民国延续了近 300 年，无疑为中华文化的传播及社会的进步发展做出了重大的贡献，尤其为江南山区的文明传播起到了举足轻重的作用，多少学子正是通过四堡雕版印刷的书籍走上了为国建功立业的道路；同时，四堡又通过雕版印刷业开创了 200 多年经济文化空前繁荣的兴盛景象，四堡许许多多的先民在印刷中不仅走上了富裕道路，而且掌握了科学文化知识，成就了功业，涌现出了邹圣脉、邹经、马襄等 10 多位历史名流和地方学者。

二、主要文物古迹

子仁屋 坐落在雾阁村中，始建于清嘉庆十四年（1809），占地 10 亩，有“九厅十八井”之称，落地间达 140 多间 。该屋门楼是四堡目前保存最好、造型最优美的。门楼朝南向，左右卷草飞角，各塑鳌鱼仙鹤，两两相对；中顶塑一火圈，火圈下门额题词“珂鸣锦里”据说出自当时顺昌知县之手。门楼进去是一个鹅卵石铺砌的大雨坪，面积约 300 平方米；雨坪东面是正屋大门，门额题词为“瑞酿琼芝”；以前、中、后厅为中轴，两边各两排横屋，后一列后楼；私厅横屋对称而建，以走廊互为贯通，高低错落；北面横屋后背是一排印坊；南边横屋后也错落建有20多间杂物间和印坊，还有“蕉风”“椰雨”等门额题词。置身其中，可以想象当年工人忙碌雕印的盛况。现为国家重点文物保护单位。

林兰堂 始建于清嘉庆十一年（1806），坐落在马屋村岗背岭的花溪河畔，坐西朝东，临河而建，占地面积5600多平方米，采用双座堂屋、双座大门并列而建的方式建造。两座堂屋各建有前、中、后三厅及后楼，后楼建有楼上厅，后楼与后厅、厢房之间隔着走廊。厅堂左右各建厢房和横屋二直，以走廊贯通。每个厅堂和厢房、横屋前均有天井以采光。外墙为砖砌风火墙，内以木质梁、柱、屏构成厢房。整体建筑前低后高，平衡对称，宽敞明亮，结构齐整，典雅端庄。现为国家重点文物保护单位。

中田屋 位于马屋村头，始建于清康熙年间。该屋门楼保存完整。砖瓦结构，顶檐两边翘角各塑两对鳌鱼和仙鹤，两两相对，门框以赤砂石条架设而成，门楣上方书“中田”二字。该屋建筑设计奇特，整体不似别的书坊为中轴对称结构，而是不规则构成，但设计巧妙，空中俯瞰整体似白鹤穿飞莲叶之中，故得名“白鹤穿莲”。内屋廊巷纵横，曲折迂迴，处处相连，恰似迷宫，令人难辨东西，各排横屋似散实连，设计个性突出，风格特异。现为国家重点文物保护单位。

素位房 位于雾阁田墩寨，建于1920年。该屋从门楼设计到内部构建都可谓别出心裁。门楼不以瓦盖做顶，而是以泥塑砖砌。整个门楼也不似别处呈八字，而是呈一字平立。内屋的屏板、梁、窗等处雕着许多人物、动物和花草图案，雕工细致，图像优美，令人叹绝。中厅后是一排后厅横屋，地势较高。中厅两边各有两排侧横屋。以中厅、前厅和后厅为中轴，两边横屋互为对映。整体建筑前低后高。现为国家重点文物保护单位。

定敷公祠 坐落于雾阁村，始建于清乾隆二十一年（1756）。该祠由门楼、上厅和下厅、左右四厢房和一个天井组成，建筑总面积800余平方米。门楼由木刻喜鹊堆斗而成，飞檐翘角，顶中塑“魁星点斗”，意为望宗族人才金榜题名，高中状元。整座门楼呈亭式建筑，由立柱高高擎起。上厅厅中有4根由石础垫立的粗大木柱，上以穿枋框架梁柱构建，梁上多处饰花鸟镂雕，布局讲究大方有序而又不失精巧美观。上厅两边厢房由立柱与工字木屏板榫合围成，厢房门窗为6扇花格屏风式，上饰以花鸟镂雕。厅前横廊，廊顶为穹形拱顶木质建筑，两头挑梁上饰“鲤鱼跳龙门”镂雕，意为望宗族子孙功成名就，光宗耀祖。横廊两端设边门通外，既通风又方便出入。下厅亦设左右厢房，紧靠门楼。中设天井，以各色卵石砌成龙凤戏珠圆图，天井边沿以长方形红砂石条砌成，天井之大为古代建筑所罕见。天井两边设回廊。整座祠的地板都有三合土铺面。整个厅堂采光通风极好，显得宽敞明亮，给人以开阔舒朗、冬暖夏凉之感。上、下厅堂及回廊可设60多桌酒席，很适宜操办酒宴、群体性活动所用。

1930年1月，朱德率红四军一部由古田转战江西途经四堡，曾驻扎该祠。1999年，政府把该祠改建成“中国四堡雕版印刷陈列馆”，展出数百件古雕版、古书籍、石制墨缸、研墨臼、切书刀、切书架、雕版架、刷墨把等印刷工具和印刷操作台。现为国家重点文物保护单位。

玉沙桥 坐落在马屋村尾水口林边，始建于清康熙二十三年（1684），距今已有335年历史。相传当年因花溪河底沙石晶莹闪烁如玉石，故名玉沙桥。

玉沙桥（宏江影视传媒供图）

玉沙桥全长 30 米，宽 5 米，高 10 米，桥面砌以大小如一的鹅卵石，两旁建有木栏杆和木椅，四周张有雨篷，上为瓦屋式建筑，廊分九楹，首尾中间均有小阁，高低错落，结构优美。桥墩以大理石条砌成鳌头模样，用圆枕木纵横铺七层成桥基。整体建设为廊式瓦屋风雨桥。桥两端古木葱茏，交相笼盖，绿叶成荫；桥底碧波荡漾，波光粼粼，使该桥环境优美，境幽气清。现为国家重点文物保护单位。

马援庙 纪念东汉名将马援的祀庙，坐落在村东的鳌峰山下，始建于清朝雍正年间。由马屋始祖七郎公的二十一世裔孙马文田以雕版印刷业发家，捐建资之半并集众之资力建成的。

马援庙建筑面积 538 平方米，雨坪面积 422 平方米，砖木结构。门楼雄伟精致，工艺装饰，飘檐砖砌堆斗，门顶两边塑鳌鱼，两相对峙；堆斗下绘塑人物、花鸟、山水等，精美生动，栩栩如生；大门额正中塑刻“忠显王庙”四个行书大字。上厅龛台是马援塑像，上悬挂“东汉一人”书匾；上厅石柱刻有“柱表平蛮存国体,书遗诫子饬家箴”表功联。龛台壁上绘有八仙彩画,上、下各四。正厅左右为厢房，厅前是点将台；下厅是戏台，戏台前是宽阔的天井,由鹅卵石铺成。戏台和天井左右两边是酒楼,供官员和地方士绅饮酒看戏。每年春节、清明节、马援生日，村人都要到这里凭吊祭祀先祖，还举行演戏等纪念活动。现为国家重点文物保护单位。

三、民俗风情及民间技艺

拔龙 四堡人正月闹花灯的一项活动，但又不同于其他地方只在城镇村间的游龙灯,而是晚间在山上举行的活动。因是在晚间的山上游龙,远远望去,便如一条火龙在夜空中游走，美妙绝伦，煞是壮观。当然，同所有的民俗活动一样，其目的是祈求风调雨顺、国泰民安、村庄兴旺，也是传统的民间娱乐活动。晚饭后，由事先安排的执事人把龙头、龙尾扛上村后的龙脉山祭祀，各户相应把花灯扛上候祭。祭祀是祈祷天地神明保佑村庄兴旺、四季平安，祭时要献三牲、拜九礼、读祭文等。一俟祭毕，即前后接拢为长龙，三声铳响后，便缓慢有序地沿山路曲折下行。入村后在大街小巷游走，最后到达预定的广场圈龙走灯。圈龙时龙头在内，龙身围着龙头圈圈围起成一圆团，然后又由龙尾向外一圈圈解围。圈龙后就游回祖祠，拔龙即告结束，各人拆灯板回家享用夜宵。

女装 四堡的妇女服饰迥异于周边的客家女装，其奇异之处在于当地人称的“大边小捆”，即在颈袖、手袖、裤袖及衣服的开合边缀有三到四种色彩各异的边条。上衣衣袖折成三叠，挽到胳膊作为钱袋，前臂是用另一种颜色布做成的袖筒，接到衣袖管内，可随时拆洗。据说，这是因为当年参与雕版印刷作业，为免衣袖沾上印墨，故而高挽，另接袖筒，又因方便，将叠起的袖管作为装小样物品的“袖袋”。上衣偏长，衣脚至膝盖部。在小腿部，用红色带扎一块方形镶边裹布，称“水裤”。脚穿尖头绣花布鞋。腕戴竹节银镯。后脑梳一长髻，用乌黑的线网紧罩，缀以银簪和绿珠，扎着红头绳，若有孝在身，则扎绿头绳。婚前女子着红妆，婚后妇女着蓝妆。整体看去，浑身上下色彩斑斓，艳丽多姿。

锡器工艺 四堡锡器工艺以其制工精巧、造型优美、色泽明丽、品种多样而名播遐迩，且在闽、粤、赣三省又唯四堡所独有，故而更引起外界关注。四堡锡器品种多样，日常用品有酒壶、茶壶、油壶、暖壶、蜡壶、酒海、锡盆等，工艺品有烛台、光灯、宝鹤壶、香炉、麒麟、仙鹤、孔雀、观音、财神等。在四堡，锡器是家庭富有的象征，嫁女要锡器陪嫁，多则一堂（8 件），少则半堂（4 件）。许多日常用的器皿都是锡制的，锡器是四堡人的传家财宝。打锡的工具复杂多样，包括炉子、铁锅、大小铁锤、火杯、铁剪等 30 多种。打锡的过程也很复杂，有 20 多道工序。据有关记载，清代中叶时，四堡打锡人有 500 多人。如今，打锡这门手艺仍在传承。

四堡锡器（吴德祥摄）

雕版技艺 四堡雕版技艺在清代是很普遍的日常使用技艺，因为大规模的雕版印刷业需要大量雕版技艺人才，然而现在的传承人只有两个人了。雕版要用以梨木、枣木、小叶樟等较硬质、纤维细密的木材。因为这样的木质刻成的雕版不会开裂，且经久耐用。雕版分为制版、写样、上版、雕刻、打空、修版等工序。2007 年，雕版技艺被列入国家级非物质文化遗产保护项目。

此外，四堡还有银器工艺、皮枕工艺、藤椅工艺、木竹工艺、泥塑木雕制作等，也闻名遐迩，倍受青睐。

四、历史人物

马驯（1421—1496）字德良，四堡马屋人，明正统十年（1445）进士。历任户部江西司主事、四川承先布政使司左参政、都察院右副都御史、湖广巡抚。历事四朝，在部 16 年，在蜀 12 年，在湖楚 7 年。任职湖楚期间，水灾成患，关中大饥，流民就食荆壤，加之兵乱又继，四面危机，马驯夙夜奔走州郡救援，民赖以安，政绩卓著。一生忠贞耿介，直言切谏，勤政爱民，为有明一代名臣。

邹圣脉（1691—1762）字宜彦，号梧冈，清初著名启蒙读物《幼学琼林》增补作者。邹圣脉自幼好学，少有奇才，然品性忠直，命运多舛，屡试不第，转而以印书为业，兼校注版籍，著书立说，著有《书经备旨》《易经备旨》《书画同珍》《绘像妥注》《寄傲山房诗集》，增补《幼学琼林》343 联，使他名播华夏，留名书史。

邹经（1742—1805）字年官，号耕芦，雾阁人，清代乾隆、嘉庆年间抗击海寇、保卫海疆的著名将领，福建巡抚余文仪授其“人中龙虎”嘉匾。乾隆三十年(1765)乡试中举，初授厦门提标，继升金门千总。乾隆四十七年(1782)调署铜山（今云霄铜山港）营守备。因抗海盗有功，嘉庆二年（1797）升参将，嘉庆五年（1800）调任台湾安平营水师协镇。在台期间，多次率众抗击海寇，功勋卓著，深受台湾人民爱戴。嘉庆九年（1804）三月，升为台湾水师提督，同年四月因病逝世，享年 63 岁。

马襄（1694—1731）字事畴，号犁云，别号大痴道人，雍正年间宁化守备马宁之子。秉性淡泊，不求闻达，一生镕经铸史，至老未青一衿，终日书襄画笔相随，怡情于高山流水，善画山水人物，花草鸟兽，画笔所至，栩栩如生。与著名画家黄慎友善，过从甚密，画艺不相上下，为清代雍乾间名播遐迩之画家。

邹斌才 字圣湘，号均亭。清乾隆四十三年（1778）生于连城（旧属长汀）四堡雾阁村，嘉庆六年（1801）考中第十名举人。初被荐任补驻京塘务府事，后又被荐授武德骑尉五品官衔，特授湖北荆州卫正堂，兼摄左右卫篆。在任职期间，开屯田，储军粮，治政有方，爱民如子，严禁鸦片，力劝农桑，深得荆州人民的赞誉。道光十八年（1838）期满入京觐见，调任江南宣州府（今安徽宣城）任知府，更显政绩卓著，深得民心。道光十九年（1839）病逝于宣州。

马履丰 字亨夫，号伟山，乾隆三十六年（1771）中举，授甘肃玉门县令。在任期间，与民约法三章，宽严相济，政简刑清，变玉门荒凉地区为塞外江南，民皆称颂。后提升为阶州、西固州同知。乾隆四十一年（1776）以通政使司观政致仕。

吴一龙（1530—1610）字毕升，号东峰。自幼资质聪慧，擅打制锡艺。万历初年，皇帝御召举国能工巧匠晋京为皇宫打制锡器，吴一龙被征召。因其所制锡器不仅工艺精巧，且能浮于水面翻腾兴浪，皇帝喜不自胜，叹称“状元之才”，吴一龙遂获“锡状元”之美称，至今传为美谈。

中国四堡雕版印刷陈列馆（吴德祥摄）

福建省历史文化名镇——新泉

■ 杨彬芳

新泉，这片古老而神奇的沃土，像九天银河的飘带撒落此地，丰厚且博大，展示着人与自然的雄奇；这个美丽的地方，山环水抱，环境优美，蜿蜒曲折的朋口溪、庙前溪、洋梅溪交汇于集镇，孕育着这个别具特色的客家古镇、红色旅游与美食名镇。2016 年 6 月 13 日，新泉镇被评为福建省第五批省级历史文化名镇；2019 年 6 月 6 日，新泉村被列入第五批中国传统村落。

新泉有着悠久的历史，古时称连南三隘。早在商周时期，北村的草营、山背堰就有人类活动的足迹，在这里发现了砺石、石斧、石刀、石矛等石器。南宋时期，人们就已经在新泉瑶下生产碗盘等瓷器。南宋绍兴三年（1133），新泉（含今庙前镇全境及莒溪部分村）从长汀县古田乡六团析出，与莲城堡合并建立莲城县。宋为表正里，明清时期属表席里。1930 年成立连城县苏维埃政府，1932 年成立新泉县苏维埃政府。1949 年新中国成立后，先后设立康乐区、第六区、新泉区、新泉人民公社、新泉乡人民政府、新泉镇人民政府。

新泉镇地处连城县南部，与长汀、上杭县毗邻，是闽、粤、赣三省的交通要塞，闽西重要的物资集散地，20 世纪中叶及以前从此通过汀江水道，可直达潮州出海。现 205、319 二条国道在境内纵横交叠 16 公里、横贯全镇；赣龙铁路在镇内乐联村设货运中间站，赣龙铁路复线自西北往东南穿过良福、莲华、儒畲等村；厦蓉、长深两条高速公路分别在乐江村、北村、官庄村设立服务区、立体互通和进出口。集镇所在地距冠豸山机场 45 公里，距冠豸山动车站 25 公里。全镇总面积 185.39 平方公里，辖 19 个行政村、86 个自然村，总人口 31682 人。新泉因境内有温泉而得名，具有美丽的自然风光、悠久的人文景观、浓郁的民俗风情、独特的风味美食、丰富的旅游资源，是人们回归自然、度假休闲的绝妙去处。

一、自然风光美丽独特

连南古代有八景：杨坊太平垂钓、吕坊晨钟暮鼓、坪头平尾放马、丰图仙顶观云、水尾波闸穿龙、芷溪桃源积雪、官庄仙岩晚眺、新泉金峰望寺。其中杨坊太平垂钓、官庄仙岩晚眺、新泉金峰望寺三景在现新泉境内。

随着时代的变迁，新泉这个风光独特的地方现有新八景：玉带环珠、温泉夜浴、性海晨钟、金山烟霞、仙岩远眺、古榕小憩、草堂望云、家庙怀古。

坐落于树林葱郁的山间寺庙以中华山性海寺为最具规模，该寺位于联溪村刘地自然村，是八闽大地一座古名刹。曾为佛教禅宗临济、法眼派慧瑛和尚修禅传法之地。登临此寺，风光秀丽、视野开阔，令人心旷神怡。其是1983年福建省首批对外开放的寺庙之一。

据清《连城县志》载："中华山在新泉刘地，形似琵琶，上窄下宽，中建兰若（寺），背有清泉，引洒瓦上，虽赤日当空，而檐溜淅沥，满刹清凉，暑天尤盛。"山中古寺，俗称"观音庵"，为明洪武年间圆亿和尚所创建，距今已有640多年。因寺居山麓之中，视野广阔，博大无边，后取《华严经》中的"毗卢性海"之意，命名为"性海寺"。

1981年，十年动乱期间被迫还俗的慧瑛和尚重返本山驻锡，遵循"农禅并重"，发扬"一日不作、一日不食"的百丈遗风，率领众弟子披荆斩棘。10年间，培植油茶树、果树3000余亩。先后建成大雄宝殿、天王殿、法堂、卧佛殿、佛光阁、地藏殿、大悲楼、斋堂、寮房、五方佛塔、虚云和尚舍利塔等，建筑面积4000平方米，成为闽西佛教的大丛林。

全国政协原副主席、中国佛教协会会长赵朴初为该寺亲笔题写"性海寺"寺匾，并于1987年仲夏写《调寄采桑子》一词："举起锄头开净土，无尽庄严，顿现人间，宝树琪花山后前。如来家业须弥重，都在双肩，高唱农禅，普与恒沙结胜缘。"以颂扬性海寺慧瑛方丈暨诸上善人。著名书法家罗丹、散文家郭风等名士也在此留下了墨宝、丹青。

此外新泉境内还有金石寨、小金山、白仙岩、朝东岩、云岳山、太平庵、峻州洞、九龙庵、玉麟山等名山古寺，极富传奇故事和文化内涵。

二、客家古镇韵味浓厚

新泉，山清水秀，人杰地灵，是著名的客家古镇，具有千年客家风情的历史，镇内存有大量的传统建筑和宝贵的文化资源。

玉带环珠——新泉（杨彬芳供图）

西村在连城建县前，是汀州府的要隘，曾遣兵驻扎。建有道台堂及廨舍，也称“公馆”，“公馆前”因而得名。明宣德年间（1430 年左右），这里筑城墙御寇，所筑城墙为土墙，约 800 米，俗称老城。嘉靖年间 (1535 年左右)，县迁巡检司于此。隆庆年间 (1567 年左右)，连城县令陈三俊倡议重修老城，部分土墙被改为砖墙，周长 1200 多米，高 3 米，设东门、南门、西门 3 个城门，并在北面筑堡一座，名北山楼。因这里曾设置巡检司，因此也叫司城。

1987 年 11 月，考古队在北村山背堰、乐江村虾公亭、官庄村门前坪分别发掘出距今约 5000 年的新石器晚期的石锛和灰色印纹硬陶片、石环等。

2004 年 4 月，省、市文物专家在龙长高速新泉段进行文物考察时，发现一处面积约 10000 平方米的古遗址，采集到一件旧石器时代的砍伐器以及大量夹砂灰黑陶片和泥质硬陶片。当年 7 月 7—24 日，省博物馆为配合龙长高速公路的建设，对公路沿线的草营山 230 平方米的古遗址进行抢救性考古发掘，发现了两个时代的文化遗存。

新泉的古建筑、古民居、古街巷至今风貌犹存，有古街 5 处、古巷 20 多条、古码头5处、古寨1座、古民居200多处。古民居多属明清时期建筑，建筑风格具有明显的地域特征且范围集中，保存良好。

新泉现有国家级重点文物保护单位1处6个点，县级文物保护单位7处。国家级重点文物保护单位还是省国防教育基地和市爱国主义教育基地。“望云草室”于2015年荣获“闽西最书香古书院”提名奖。

新泉客家文化博大精深，新泉客家人在长期的生产、生活实践中把中原文化演绎成了独具特色的民俗风情和客家文化。这里底蕴深厚的文化内涵，渗透了市井百姓的生活和思想，覆盖了民俗、民间艺术、美食、宗教、宗祠、寺庙等各个领域，相得益彰、相互辉映，形成独具当地特色的人文活动景观，是闽西一朵独具特色的文化奇葩，如春节犁春牛、游大龙、夜台、古事、船灯、鱼灯、屋角灯、舞龙舞狮、新泉乡戏、十番、地方锣鼓等。最具特色的是犁春牛、烧炮和杨家坊、儒畲二村的朝天灵岩八盟圣会民俗活动,具有质朴无华的风格、务实避虚的精神和返本追源的气质。

新泉犁春牛是国家级非物质文化遗产。犁春牛一般在立春前后三天进行，祈求一年四季平安、五谷丰登、六畜兴旺。犁春牛队伍少则十几人，多则三四十人，以锣鼓为前导，接着是“风调雨顺”“国泰民安”等牌匾，随后是披红挂彩的耕牛、掌犁的农夫、挑草送饭的村姑和几个荷锄、挑谷、擎松明火把的男女青年以及体现历史典故、反映农村生活的人物造型，如张飞、孙悟空等。牵牛和掌犁者头戴斗笠，男的扎腰带、叼着旱烟管（女的则系围裙），赤着脚，边犁边吆喝，并表演一些滑稽动作，比较大胆的还一边走一边对起山歌，俨然一幅春耕图。凡春牛经过的家门、店门前，群众都燃放鞭炮表示迎春。

新泉烧炮已列入国家级非物质文化遗产名录。烧炮是新泉、西村、北村三个村群众为崇拜观音、定光与伏虎菩萨（俗称“三太祖师”）而举行的一项隆重民俗活动，三村村民定每年每季头个月十五为三太祖师出游过案日，其中以正月十五最为热闹。出游前三天，村民都沐浴斋戒；出游时以锣鼓、三角旗、宝伞、牌匾为前导，接着是彩旗、香案、供品，把上万个鞭炮用引线串联编成三角形的连炮，然后用绳索倒吊在三脚架上，三太祖师一到就烧香点烛化纸祈福，大放鞭炮迎接。开始只听到噼里啪啦的响声，接着是哗啦的一阵震响，最后是轰隆一声巨响，顿时冒起一团火球，蘑菇状的浓烟升上天空。整个过程虽只有几十秒，却极富层次感和刺激感。

朝天灵岩八盟圣会 2018 年 3 月列入连城县第六批县级非物质文化遗产名录，由龙岗、儒畲、朱地、吕坊、阙坑坝、江畲、兰桥、杨家坊八乡按序轮值，每年农历九月十九日，轮值到的乡村民众代表敲锣打鼓到朝天灵岩寺庙举办祈福庆典。次日，把寺中观音菩萨恭迎回村中举办庙会，走在最前面的是神铳和四面大锣开道，接着是“肃静”“回避”的禁牌，跟在禁牌后面的是香案神台和头顶大红花的枣红神马，八人抬的神轿紧跟马后。神轿后面是数顶多彩绶带制成的大凉伞，接着是望不见尾的彩旗和彩塑神幡（最多年份足有三四百面）；最后是五彩缤纷的古事马队、彩船、古事棚，多台十番古乐加入其中，近千人的迎神队伍按既定线路缓缓游回村中。观音菩萨迎回各村宗祠或庙宇后，一般打醮三天四夜，让四面八方来此朝拜的香客一饱眼福。村中搭台演大戏，八方亲朋好友欢聚一堂。

三、红色文化底蕴深厚

新泉是著名的革命老区，是毛泽东思想建党建军理论奠基地、古田会议决议起草地、红四军首次政治军事整训地、红四军第四纵队诞生地、中央苏区第一所工农妇女夜校创办地、三大纪律八项注意完善地。1929 年，毛泽东、朱德、陈毅率领红四军二度入闽，分别于 5 月 21 日、6 月 10—17 日、7 月 8—29 日、12 月 3—20 日四次进驻新泉，在此成立红四军第四纵队司令部、政治部，组建闽西游击队、赤卫队，并改编成为主力红军的红四军第四纵队，创办中央苏区第一所妇女夜校——新泉工农妇女夜校，建立连城县第一个红色政权——连南区革命委员会；7 月 22 日，俞炳荣、李云贵等人在岭下罗家祠发动震撼闽西的连南十三乡工农武装暴动，打响连城革命的第一枪；12 月 3—20 日，开展了著名的政治、军事整训——新泉整训，毛泽东同志在望云草室起草了红四军党的第九次代表大会决议案，即《古田会议决议》。

1930 年 4 月，在此成立中共连城县委、连城县苏维埃政府，同年 10 月与长汀合并成立汀连县。1932 年 2 月，成立新泉、连城两县。1934 年 7 月，与上杭合并成立新杭县。红军北上长征后，新泉人民在共产党的坚强领导下，

新泉整训旧址（杨彬芳供图）

转入隐蔽斗争和游击战争，坚持 20 年红旗不倒。

在革命战争年代，新泉地区有 7000 余人参军作战，其中有名有姓牺牲在战场的就达 869 人，如红十二军三十四师团政委张梅江、连南区革命委员会主席张瑞明、连南十三乡暴动领导人俞炳荣与李云贵，中共连南县工作委员会书记李斯元等，还有许多青壮年刚参加红军便在战斗中献出宝贵的生命，成为无名英雄。

1949 年新中国成立后，新泉先后有 1 人评为中将、4 人评为大校：北京军区原副政委张南山中将、安徽省军区原副司令员俞炳辉大校、福建省军区原副司令员李德安大校、辽宁省丹东军分区原政委俞清标大校、江西省九江仪表厂（441 厂）首任厂长张和生大校。

四、新泉温泉独具特色

“一方水土养一方人。”新泉是著名的温泉之乡，地热资源丰富。温泉是人们疗养、健身的天然场所，新泉因此享誉四方。新泉温泉出水温度在 70 ～ 81℃。日出水量达 9000 吨，富含铁、钙、硫、氟、偏硅酸等对人体有益的矿物质和微量元素，属重碳酸钠型水，pH 酸碱度 6 ～ 7。其热水中的氟和偏硅酸含量较为丰富，达到医疗热矿水水质标准，具有疗养、保健、美容、养殖等开发价值。其地下热水无色、透明、无臭、水质良好，按 GB11615-89 国家标准，可命名为富含氟和偏硅酸医疗矿水。

1929 年 6 月中旬，红四军在新泉驻扎期间，部队官兵成群结队到新泉村中的露天温泉洗澡。为注意群众影响，毛泽东、朱德、陈毅指导部队在浴池四周围上谷笪，并在“三大纪律六项注意”中添上“洗澡避女人”“大便找厕所”，即将原来的“三大纪律六项注意”改为“三大纪律八项注意”。

目前，镇区已有 42 处温泉服务场所，温泉商业气息浓厚，而且配有各个档次的温泉酒店，满足不同层次群体的消费需求。

五、美食文化源远流长

新泉是著名的客家美食名镇。明清之际，新泉是连城走向外界的交通要道，水运异常发达，船帆如梭，四面八方客商云集，使饮食行业应运而生，日益发达。

新泉美食不仅“食之皆甘芳,特异于他处”,且又博采大众之长,自成一色;风味特点为鲜、香、咸，注重调味，以其制作精美、风味独特、荤素相宜、药膳兼济、养生健体、食之多益而闻名遐迩。还留下毛委员、朱军长等红四军领导人在新泉品美食的佳话：

1929 年 12 月 3 日，毛泽东、朱德、陈毅率领红四军从长汀经涂坊第三次来到新泉，住在望云草室古书院内，开展严格的新泉整训，为当年古田会议的召开做了充分的政治思想和会议材料的准备。

12 月上旬的一天，红四军教导队大队长张品辉（字从化，号履爵，又名同古，黄埔军校第四期毕业），经征得毛委员等人同意后，慎重挑选了一处清净安全、离前委机关驻地较近的农家，作为烹饪和就餐地点，请毛委员、朱军长等吃狗肉。佳肴快要起锅时，毛泽东、朱德、朱云卿（红四军参谋长）一行如约来到屋内。毛委员一进屋就高兴地说：“味道真香！还没有吃就令人先流口涎。”随后，毛委员等边尝边说：“味道顶好，比红烧猪肉更滑更香。在军旅中能尝到这样的美餐，难得呀！”毛委员非常高兴地夸奖厨倌师傅张河南的厨艺不错。

12 月中旬初，新泉工农妇女夜校第一期学员张素娥的哥哥张育文（中共苏维埃新泉乡支部书记、工农妇女夜校旧址主人）邀请毛委员到他家吃晚饭。当时育文家生活比较清贫，只做了几道便菜，这些菜都是地方上普通人家接待亲朋好友常备的普通农家菜肴。其中有红烧猪肉、鱼豆（也叫花豆）肉丁、牛肉炒冬笋、芋卵粄、包粄等。参与陪席的有张品辉、游击队独立四团团长张斌和育文的堂兄育雄等人。用餐时，毛委员一边尝一边问：“这两头尖、中间凹，样子像船形的叫什么？形状似半月形的又叫什么？”育文回答道：“两头尖、中间凹、像船形的土名叫芋卵粄，它是用芋子和蕨粉做成，又滑又软，外地人叫溜溜仔。这半月形状的叫米饺，本地土名叫包粄。这两种食品是我们新泉一带的特色风味小吃。逢年过节、庙会迎神，几乎家家户户都会加工。毛委员、参谋长，您俩尝尝看，味道怎样？”于是，俩人动手吃起来。毛委员高兴地连声赞道：“好吃！好吃！能尝到你们制作的地方特产，真有口福。”

现在新泉的涮九品、溪鱼焖豆腐、客家香肉、猪八宝、清焖大薯、芋子饺、豆腐宴等被评为“中国名菜”“中华美食名点”“中华美食名宴”。2002 年，成功注册“新泉美食”商标；2004 年 6 月，被福建省烹饪协会认定为“福建美食之乡”；2006 年 4 月，成功注册“新泉豆腐”商标；2006 年 7 月，被中国饭店协会认定为“中国客家美食名镇”；2006 年 12 月起，新泉美食连续被龙岩市政府认定为“龙岩市知名商标”；2014 年 12 月，新泉美食被福建省工商行政管理局认定为“福建省著名商标”；2015 年 12 月，新泉美食街获“福建省美食街”荣誉称号。

新泉美食现已辐射到闽、赣及沿海各地，新泉境内外的新泉美食店达 200 多家，初、中、高级厨师 1239 名，直接、间接从事美食行业人员 5000 余人。慕名而来的游客络绎不绝，极大地带动了镇内旅游产业的发展。

溪鱼焖豆腐　获金奖（中国名菜）
炒九门头　获特金奖（中国名菜）
客家香肉　获特金奖（中国名菜）
客家酸丸汤　获金奖
农家蒸番鸭　获特金奖
客家桌心肉　获金奖
金猪献瑞　获特金奖
山珍脆肚　获特金奖
金肉满堂　获银奖
清蒸黑桂鱼　获银奖
酿豆腐　福建名小吃
芋子饺　获金奖
野生菊花皖鱼　获银奖
24道客家代表菜之一
一鱼多吃　获银奖

新泉美食获奖菜品（杨彬芳供图）

福建省历史文化名镇——姑田

▪ 周宗胜

2019 年 6 月，连城县姑田镇荣获第六批“福建省历史文化名镇”称号。2018 年，福建省住建厅会同省文化厅开展第六批省级历史文化名镇名村的申报评审工作。姑田镇党委、政府积极组织力量，从人力、物力、财力等方面做好保障，确保成功申报。

历史上，姑田镇因为纸业发达，就享誉“金姑田”美称；又因为同期元宵节有举行“游大龙”民俗文化活动,文化底蕴深厚,又享誉“文化之乡”美称。

一、游大龙文化

姑田游大龙传统民俗文化活动，起源于明朝万历年间的下堡邓屋村。据史料记载，邓屋八世祖邓应，出任潮州府检校，其弟邓恭仍居姑田邓屋。邓恭子孙到潮州探亲，元宵节在潮州看到舞龙，兴叹不已，便将龙画成图样带

姑田游大龙（周宗胜摄）

回姑田仿制。未几，姑田邓屋于元宵节期间首次游龙。

历经数百年的演变、保护、传承、发展，2012 年元宵节，姑田游大龙成功挑战吉尼斯世界纪录，成为名副其实的“天下第一龙”。

二、连史纸文化

2018 年 9 月 7 日，省政府印发《福建省人民政府关于公布第九批省级文物保护单位名单及保护范围的通知》，连城县“姑田美玉堂连史纸作坊旧址”名列古建筑类。

连史纸制作工艺——焙纸（周宗胜摄）

姑田美玉堂连史纸作坊旧址位于姑田镇上堡村的丰头自然村，占地面积约 1120 平方米，建于康熙三十年（1691）。旧址利用当地丰富的竹山、水利资源，依山建纸寮，依水建水碓寮，由制料坯炊、碓寮房、纸寮房等组成。作坊旧址大部分是石构建筑，技艺是竹丝制作，作坊内有蒸煮黄坯、天然漂白、捞纸烘焙等一套完整造纸工序的遗迹，为研究我国南方古代造纸技术发展提供了实物资料。

三、红色文化

1. 红军“六进姑田”

一进姑田：1929 年 7 月，朱德率领红四军二纵队进驻姑田，打土豪劣绅，发展红军，扩大人民武装力量。

二进姑田：1930 年 10 月，胡少海率领红二十一军进驻姑田，目的是建立红色政权，成立中国红军政治部上堡革命委员会，由红二十一军政治部主任简载闻兼主任，蒋义祯任副主任，罗钟荣任文书。

三进姑田：1932 年 2 月，红二十一军进驻姑田，主要任务是消灭官岭背的民团武装。

四进姑田：1932 年 10 月，红九团进驻姑田，开展了著名的“姑田战斗”，一举消灭了大刀会。

五进姑田：1933 年 8 月，彭德怀、滕代远率领东方军进驻姑田，乘胜打败了国民党十九路军，在姑田公王庙广场召开祝捷大会。8 月 1 日，在公王庙广场举行建军 6 周年庆祝大会 。

姑田区苏维埃政府旧址（周宗胜摄）

六进姑田：1934 年 6 月，叶剑英率领红二十四师进驻姑田，主要是为了防御国民党对苏区发动第五次“围剿”的部署。

红军“六进姑田”办公地旧址是公王庙（已被县政府批准为县级文物保护单位）。2017 年 8 月 1 日，姑田镇党委、政府举行建军 90 周年庆祝活动时，在公王庙附房设立了中国红军姑田革命历史展览馆，并对红军“六进姑田”战斗、生活留存的 14 处红色文化足迹，授挂铜牌保护。

2. 红色宣传标语

姑田镇县定革命基点村有上堡、中堡、下堡、下余等 8 个，每个村都留存有 1929 年 7 月至 1934 年 6 月中国红军“六进姑田”期间刷写的“打土豪，分田地”等标语。这些红色文化为姑田镇申报第六批“福建省历史文化名镇”

增加了分量。

四、古建筑

姑田古建筑有客家公王第一庙、古民居、两条古街、紫荣桥、紫阳书院等。

客家公王第一庙 闽、粤、台三省“客家公王第一庙”，又称“溪边庵”，坐落在姑田镇上堡村，占地面积近 4 亩，规模宏大。相传，明正德武宗皇帝朱厚照微服游江南，在回程途中遇险，幸亏得到武举人明福及时的保护。皇帝念其护驾有功，即敕封他为“福王民主公王”。明福去世后，当地人为纪念他，自发捐钱献地，于明嘉靖元年 (1522) 建了一座神庙，叫客家“公王庙”。新庙落成后，信众日多。从此，福王民主公王成了地方保护神，受客家人敬仰和崇拜。该庙虽历经沧桑，但经多次修缮保护，目前依然完好。

古民居 2018 年，姑田镇结合申报第六批福建省历史文化名镇，组织力量对全镇古民居开展普查，15 个村（社区）都保留有百年以上的古民居，总面积达 1 万多平方米。其中，上堡村、郭坑村、中堡村、下堡村等村古民居数量较多。

两条古街 指永新社区永丰街和下堡村坎兜街。如今街景依然留存古貌，见证当时的繁荣与发展。公王庙、妈祖庙、关帝庙等古庙宇，香火依然很旺。

紫荣桥 位于大洋地村村庄水尾，是该镇目前仅存的唯一一座古廊桥，被县政府批准为县级文物保护单位。据《姑田镇志》记载，紫荣桥建于康

大洋地村紫荣桥（周宗胜摄）

熙三十七年（1698），桥全长50米，宽5米。历经沧桑岁月，该桥于清乾隆五十九年（1794）重修，为乡饮大宾巫承辐偕其子连兴以及巫先亭等人倡修，至今已有321年建筑历史。该桥为全木结构，选用花岗岩条石砌成两个船形桥墩，粗长优质杉树圆木做桥梁枕木承重。桥面上层用河石铺成石路，中心线用条石直铺，对称美观。桥中间建有两层六角尖顶魁星楼，桥中神位处供奉一尊镇武祖师神像，两头建有引桥台阶路口。

紫阳书院 位于姑田镇西山风景区内，始建于清乾隆二年（1737）。厅后面高一层地段是朱子祠，供奉着朱夫子（朱熹）神位。清乾隆年间，长汀贡生李朝阳在祠内粉墙上用浓墨写下的“忠孝廉节”4个大字，龙飞凤舞，笔力透墙（每字2.6米见方），至今保存完好，成为一大人文景观。

紫阳书院内墙“孝”“节”壁字（周宗胜摄）

近年来，姑田镇党委、政府重视中国红军“六进姑田”红色文化资源的保护和开发利用，客家公王第一庙内的姑田革命历史展览馆、姑田区苏维埃政府旧址、中国红军政治部上堡革命委员会旧址，在田野及青山中筑建的3座姑田革命烈士纪念碑、烈士墓，书写有红色标语的老民宅（红军屋），修缮保护的连史纸作坊旧址文保单位、美玉堂连史纸生产作坊等被列为新兴的研学旅行资源，赋予新的内涵展示于人。

五、优秀传统民俗文化活动

姑田镇优秀传统民俗文化活动主要有游大龙、舞狮、跑马灯、走古事等。其中元宵节游大龙民俗文化活动规模最大，影响最广；舞狮拜年，逐户去拜，除舞狮表演外，武术队员还现场表演十八般武艺，在锣鼓队的锣鼓声中即兴表演。

姑田镇跑马灯拜年的民俗文化活动始于清末，分为跑马灯和马灯戏两种。跑马灯是儿童跑马舞蹈，属于边舞边唱型；马灯戏即先由儿童献演完马灯舞蹈后就地休闲，随行乐队入大厅围桌唱戏。

跑马灯民俗活动,由8名女孩“骑”着由民间艺人扎制的栩栩如生的纸马，右手执一把红扇，和着随行乐队演奏的欢悦民乐边舞边唱《采茶调》，向迎接马灯舞的家庭户拜年，送去新春祝福。

跑马灯拜年舞蹈（周宗胜摄）

福建省历史文化名村——丰图

■ 江初祥

庙前镇丰图村，位于福建省龙岩市连城县庙前镇之西南端，是闽西山区中的传统文化古村落。海拔 360 ～ 390 米，众山环抱，一水中流，是一狭长的连珠形山谷，气候宜人，风景优美。村落之民居建筑集中在下村和大塘两处，是组团状布局，形成风貌完整的片区，其余建筑沿山麓地带呈带状分布，随山势展开，界面绵长。部分建筑随山体逐级而上，层次分明。2019 年 6 月，被公布为省级历史文化名村。

一、历史沿革

据考证，在北宋之前丰图村即有谢、林、萧、苏、巫、张、卓等诸姓人居住，至今有 1000 多年历史。现有居民 4300 多人，为邓、张、吴、邱、朱、黄、杨等姓，都是在南宋后迁入的。最早入迁的是张姓，在南宋绍定三年（1230）迁入；其次是邱姓，在元朝至正元年（1341）迁入；再次是邓姓，在明永乐六年（1408）迁入。邓姓现有人口 3700 多人，为村中大姓。

连城县建县之前，丰图隶属于长汀古田乡表正里，南宋绍兴三年（1133）建县，丰图隶属于莲城县表正里，至明初改连城县表席里。民国时期隶属于连城县新泉区崇儒乡，1929 年成立丰图乡苏维埃政府，隶属于新泉县连南区，至 1934 年恢复民国建制，隶属于新泉区。新中国成立后，丰图为乡的建制，属新泉区。1958 年，成立丰图管理区，隶属于新泉人民公社。至 1972 年，改属庙前人民公社，为大队建制。1984 年 9 月，成立丰图村委会，隶属于庙前镇，下辖 28 个村民小组。

二、历史人物

邓景清 明万历年间人，因孝行为知县旌表为“孝友”。

邓世魁 明末清初人，立宗图，明祀事。地方动乱，世魁捐资募士，以保一境平安，委为乡约正，劝讲新政，民乐归耕。

邓之骥 清康熙年间人，邑庠生，以捐资团聚、锄强扶弱，为乡民拥戴。

邓作相 清康熙年间人，邑庠生，性耿直，乡邻有难，必尽力助之，虽倾其产而不变其节行。

邓发祥 清康熙年间人，邑庠生，天性至孝，为人正直。雍正四年（1726），发生灾荒，发祥力请发仓救灾，使乡民共渡难关，深为乡民敬仰。

邓发桢 清康熙年间人，岁进士，一生乐善好施，尊师重教。乡人有难，多得其资助。

邓廷长 清康熙年间人，为人诚信，德高望重，为乡民举为“乡饮”。

邓日高 清乾嘉年间人，邑庠生，博览群书，精于堪舆。嘉庆四年（1799），寿九十，重游泮水。百二岁时，督抚学以亲见其八代五世同堂，奉赐“八叶衍祥”匾以旌之。次年卒，享年一百有三岁。

邓讴畴 清末年间人，少有志量，素行端方。于广东经商数十年，以信义著称。年老返乡，念乡间无储蓄，即捐资千元，创建季仓，建立文社，凡有修路建桥，无不乐助。(以上名人均见于民国版《连城县志》)

邓光瀛 清末至民国年间人，光绪辛卯（1891）科举人。一生立志教育，不愿为官。1915年，出任连城县立中学校长，倡导新学。晚年主编《长汀县志》《连城县志》，夙兴夜寐，不遗余力。

邓济民 清末至民国年间人，在长汀中学就读时加入同盟会，参与光复汀州的壮举。汀中毕业后，由叔父资助赴日本留学，其间参与孙中山领导的革命活动。回国后，曾任地方法院推事、检察官、庭长，一生廉洁自律。晚年乡居，为乡民排忧解难。

张伯苓 南开大学创办人、校长、民国参政会副议长，是丰图张姓第十八世裔。

张秀山 曾任中共中央东北局第二副书记、国家农委副主任，是丰图张姓第二十世裔。

三、重要历史事件

1. 平息“血洗三隘”冤案

清顺治年间，有一知县微服闲游至新泉，因儿童嬉戏，抛石误中其脑门，不治而亡。朝廷震惊，不问情由，下诏“血洗三隘”(即新泉隘、丰图隘、朗村隘，涉及新泉、庙前地域)。丰图邓世魁不顾个人安危，一再辩明事实真相，得以平息此案。其事迹至今流传。

2. 翰林归宗

据记载，上杭县中都乡邓瀛于道光九年（1829）中进士，钦点为翰林院庶吉士。邓瀛是丰图村邓氏后裔，为感念祖德，回原籍邓氏祖祠立进士桅一对。至今丰图仍流传“翰林归宗”的佳话。

3. 连南十三乡暴动

1929 年 6 月，在党组织的领导下，发动了连南十三乡暴动，为创建连中南苏区拉开了序幕，也为红四军新泉整训创造了条件。丰图村人民参加了这一暴动，建立了乡苏维埃政府。此后丰图人民一直坚持革命斗争，为革命做出牺牲和贡献，在册烈士有 42 名。至今流传着中和堂吴姓一门五烈士的佳话，流传着邓可焯不屈不挠、坚持斗争的动人故事。丰图村因此被评为革命基点村。

4. 建立红军后方医院

丰图村地处连南地区和古蛟地区的腹地，谭震林、张鼎丞也常在这一带活动。他们利用丰图村有利的地域优势，在两和堂建立起红军后方医院。两和堂是张家大型的围龙屋，房间数多，有 30 多个房间和一口水井，可用空间大，用水方便 。曾住红军伤病员百人。

四、周围环境

丰图村的周围环境可用一句话概括：青山环绕，水系发达，气候宜人，风景优美。

青山环绕。东南有石咙寨，其山脉由上杭黄崔巍山逶迤而来，踞村之南，石面嶙峋，高耸霄汉。桃源山环抱村之西南，高数百仞，明丽端秀，亭亭玉立，

丰图村鸟瞰图（邓大跃供图）

雪后望之，朗若琼瑶。

水系发达。丰图溪发源于上杭达里和板寮两地，汇于板寮岩，形成蜿蜒曲折的九曲溪，至村中与上杭再兴村乌垄岬溪汇合，向村西北流向山门岬，入芷溪。常年水流不断，水源丰沛，水质清冽。

气候宜人。春天，南来的暖流自村南水口入，驱散残冬的寒气，冷暖交替的春雨滋润复苏的大地。夏天，稻田由嫩绿变为金黄，青松翠竹，郁郁葱葱，清风徐来，驱散热浪。秋天，天高气爽，秋雨连绵。

风景优美。位于西北的仙高岽，是一处名胜。这里古木参天，浓荫盖地。建于明末的白云寺隐约其间，为文人雅士云集之处。宝灵岩位于村口琵琶岭，这里树木葱郁、岩石嶙峋，有奇石三：曰官印石，曰甑盘石，曰鸡心石。山半曾筑精舍，下临深潭，昔为文人讲学之所。村有古寺三,一曰圆应庵，一曰稔桂山，一曰白云山，为丰图民众寄托信仰和休闲之所。

五、选址格局

有关选址格局，此处介绍三点：水口营造之美观、理水系统之完备和民居建筑之恢宏。

水口营造之美观。丰图村之水口称丰岬，此处两岸夹水，山壁陡峭，森林茂密。村民以“纳福迎祥”“保瑞辟邪”的理念来营造水口，在丰岬的宝龙石下，建一书院，架构屋桥，建圆应庵，构成山水相连、自然与人文的和谐。

理水系统之完备。丰图溪自南而北流贯全村，筑有联甲陂、老虎伸腰陂、三角陂、红溪陂等多处陂潭，以利村中农田灌溉和生活用水。村中排水系统完善，民居周边有排水沟及池塘。山洪雨水由排水沟引入溪流。池塘既可蓄水养鱼，灌溉菜园，又可调节气温，防火消灾。

民居建筑之恢宏。民居的选址根据风水观念，多负阴抱阳，背山面水。依村落之地形，大多民居的主厅坐东向西，或坐西向东，而大门却朝南。其形构为客家大型围龙屋，规模宏大，以“九厅十八井”为典型，适于聚族而居，五代同堂。往往是祠宅合一，适应多功能需求，起居于斯，祭祀于斯，迎宾于斯，宴席于斯，塾学亦于斯。

六、传统建筑

传统建筑包括古宗祠、古民居。据统计，至今保存完好的古宗祠有泰孚公祠、斗山公祠、翠岩公祠等 19 座，古民居有东春堂、述光堂、载锡堂、履绥堂等 35 幢，总计 54 幢（座），以下主要介绍古宗祠和古民居传统建筑的艺术特点。

丰图村的古宗祠、古民居都是以木结构为主体的砖木或土木结构，在构件和式样上形成特有的体系。其结构不仅具有建筑学上的科学价值，还具有机巧组合所显现的结构美、装饰美的审美价值。

1. 结构艺术

丰图村的古建筑讲究中轴对称，左右各几进几厅，下、中、上厅层次递进，形成整齐严谨的对称结构，既传承北方庭院建筑风格，又适应南方多雨的自然特点，门内雨坪，门外池塘。

2. 门楼艺术

丰图村的古建筑俗称“千斤门楼四两屋”，是极为讲究门楼建构的。门楼建构一般有两种式样。一种是木雕牌坊式，以泰孚公祠和大兴堂为代表。以斗拱为主要构件，斗拱是栋梁和立柱之间挑出以承托檐宇的构建，由方形的斗和弓形的拱多重交叉而成，将屋檐的负载经斗拱传递到立柱上。每一组合为一攒，按安装部位分为柱头科、称角科、平身科。一种是石雕牌坊式，以五福堂为代表。以雕刻的石材为主要构件，石门框上飞檐翘角，上刻“陔兰香满”四字，门楼两边的石刻有花卉、鸟兽、山水。雕刻精细，整体壮观。

3. 雕刻艺术

丰图村古建筑上运用的雕刻艺术有木雕、石雕、砖雕。

木雕一般见于门楼、月梁、端廊、卷棚、抚底、梁架、雀替、槛窗等。以翠岩公祠、泰孚公祠、南风公祠为代表，题材丰富，有凤舞牡丹、鳌头吐瑞、花开富贵、苏武牧羊等，神形逼肖。

翠岩公祠木雕（邓大跃供图）

石雕一般见于柱础和门楼。柱础石雕较为简单。八角形的柱础一般施以凸雕或高浮雕，题材为十二生肖，柱础下压以兽头。门楼石雕较为丰富，如上所述五福堂门楼，又如南风公祠的门楼，匾额之下圆雕石狮戏球，石狮口内含滚动的球胆，主体生动、逼真。

砖雕一般见于门头、门脸、屋脊、风火墙、窗隔处。形式多样，有雕成柳条纹、铜钱纹或万字回纹，以装饰门头部位；有利用青砖雕刻蝙蝠、仙鹤、花瓶或组合成“福、禄、寿、喜”等字样。

4. 书法艺术

丰图村古建筑保存有丰富的名家书法。泰孚公祠内保存有完好的连城历史名人进士谢凝道、杨簧撰写的楹联。达孚公祠内保存的“忠、孝、廉、节”字迹是朱熹的墨宝。翠岩公祠内保存有书法家黄肇河（举人）撰书的楹联。这些都具有相当的文物价值。

5. 彩绘与壁画

泰孚公祠、翠岩公祠、怡春堂等，其额板、天花板大量使用彩绘，多以历史典故为题材，如二十四孝图、郭子仪拜寿、苏武牧羊等；天花板上是双凤朝阳、双狮嬉戏、锦上添花等。壁画则是大型的山水人物画。笔触细腻，古朴典雅。

七、名胜古迹

1. 丰图隘遗址

丰图隘隘口地处丰图村之北端，距居民点最近处只有几百米。隘口前后宽阔，左右山脊陡峭，森林茂密，古木参天。始建于明正统十一年（1446），嘉靖三十六年（1557）增设乡兵。现存前后隘墙两处、神坛两处，原有壁楼兵寨毁于20世纪60年代。

2. 古官道

丰图村历来是连城通往上杭及粤东的重要通道。明代设有官道，石砌路面，宽约2米，长约5000米，至今犹存。

3. 邓日高百岁坊

邓日高，邑庠生，博览群书，老而弥坚。百二岁时，督抚学亲见其五代同堂,赐以“八叶衍祥”匾,颁内帑以建牌坊。享年一百又三岁。今牌坊已毁，残留石雕可辨“邓日高百”四字。

4. 古井

村中保存完好的古井20口，都在古民居内，井圆形，井台方形，刻有阴文，记载挖井之年月。深者十几米，浅者数米。

5. 烈士纪念碑

为纪念革命烈士而建，现代建筑，保存良好，是革命传统教育之基地。

6. 池塘

现保存完好的池塘有10处，在古民居大门前。有进水、排水系统，有利于灌溉、洗涤、种植、养殖、防火。

7. 培兰文社旧址及乡苏维埃旧址

培兰文社创办于清光绪二十二年（1896），由邓翠岩、邓润崑等捐资兴建，以斗山公祠为季仓和教学场所。1929年，丰图乡苏维埃政府成立，斗山公祠又成为乡苏政府所在地。谭震林也曾一度住在此间。至1934年，又恢复为培兰文社所在，旋即改为国民小学。新中国成立后，更名为丰图小学，直至1976年迁新校址。因此，斗山公祠既是培兰文社旧址，也是丰图乡苏维埃政府旧址。

八、民俗文化

1. 客家十番

属国家级民族传统乐曲，全用民族乐器演奏，明清时期在客家地区流传。丰图先民十分喜爱，世代相传，能演奏传统乐曲，还有所创新。

2. 花灯

丰图村与芷溪村相毗邻，从芷溪引进了花灯的民俗活动。其花灯的制作相同，有 99 盏灯火，琉璃杯中装茶油，浸灯芯球点亮，通透澄碧，熠熠生辉。每年正月初二至初十日是丰图村闹花灯的日子，按姓氏轮流做东。

其他民俗文化活动，还有立春之夜犁春牛，正月庙会舞狮、游龙、拜图，四月初八日打醮等。

九、生产生活

丰图村的经济是以农业为主，手工业为辅的自然经济。农作物主要是水稻，其次是地瓜、蔬菜。手工业有造纸、织草鞋、编藤椅、做竹筷。以下主要介绍手工业生产。

造纸业历史悠久，板寮、长坪、大竹园、大塘里都有过多槽纸寮，生产草纸、土纸、玉扣纸，产品远销广东的梅县、兴宁、潮汕。不少商贾以经营纸业而致富。随着造纸业的现代化生产，丰图的手工造纸已成陈迹。

织草鞋的历史也很悠久，丰图草鞋曾闻名方圆几百里。它是用稻草、黄麻、牛皮做原料，以鞋凳、鞋耙为工具，生产工艺简单，家家户户都能生产，成为家庭经济的重要来源。草鞋轻便，经久耐用，适合于山间行走。二次革命期间，工农红军常穿草鞋，故有“红军鞋”之称。丰图的草鞋生产自明清一直至 20 世纪 70 年代。改革开放之后，市场萎缩，现已不再生产了。

编藤椅也是丰图村普遍的手工生产，主要的原料是杂木条、竹片、山藤，用铁钉把坚韧的杂木条和竹片扎成椅架，然后用加工过的山藤编织而成。藤椅轻便、美观、舒适、耐用，很受欢迎。但由于山藤原料稀缺，塑料藤质地不好，不能规模生产。

古街（邓大跃供图）

巷道（邓大跃供图）

航拍古民居核心区（邓大跃供图）

做竹筷的原来只有几户人家，20世纪80年代，随着市场的扩展，迅速地发展起来，规模越来越大，品种越来越多。本地的竹料资源不足，从外县、外省大量引进，年产量突破8000吨。

丰图人的传统服饰长期来保持中原人宽博右衽的特点。上衣称大襟衫，右边斜下开襟，安布纽扣。女性加边饰，以示男女有别。下裳穿大裆裤，裤裆深，裤头宽，要折叠几层才能系牢，一般不穿内裤。布料则以蓝、青、黑为主色调。改革开放以来，服饰已趋现代化。

十、村志族谱

2010年已编撰《丰图村简史》，记载了丰图村的基本情况、地形地貌、历史沿革、经济发展状况、文化教育、名人显贵和红色历史等方面的史实，入编《庙前镇志》。

邓、张是丰图村大姓，两姓人口占全村人口的 80%，都编有族谱。

《邓氏族谱》，清末编，用木匣珍藏，专人保管。族谱封面篆体字，文曰："南阳郡邓氏长泉窠历代考妣一脉宗亲族谱世系。"（长泉窠，丰图小地名。）族谱内有序言、凡例、世系表、族贤族训等。

《张氏族谱》于 2006 年重编，内有先祖像、祖祠、祖坟、序言（文天祥撰）、世系、名人论族谱、清河张氏闽先史迹、题词精粹、墨宝精选、连城交通位置图等。

连城县国家级、省级、市级传统村落一览表

■ 伍玲金

序号	项目名称	级别	批次	公布时间
1	庙前镇芷溪村	中国传统村落	第一批	2012年12月
2	宣和乡培田村			
3	莒溪镇璧洲村			
4	四堡乡雾阁村			
5	四堡乡中南村		第二批	2013年8月
6	曲溪乡白石村		第四批	2016年11月
7	新泉镇新泉村		第五批	2019年6月
8	莒溪镇太平僚村			
9	四堡镇四桥村			
10	庙前镇丰图村			
11	四堡镇田茶村			
12	塘前乡迪坑村			
13	莒溪镇陈地村			
14	赖源乡黄宗村			
15	赖源乡下村村	福建省传统村落	第二批	2017年8月
16	塘前乡塘前村			
17	朋口镇瑶里村			
18	罗坊乡下罗村	龙岩市传统村落	第一批	2014年12月
19	朋口镇文坊村			
20	姑田镇中堡村			
21	隔川乡隔田村			

文物『非遗』篇

连城县国家级重点文物保护单位一览表

▪ 伍玲金

共 5 处 85 个点：(1) 四堡书坊建筑群 50 个点；(2) 培田村古建筑群 25 个点；(3) 古田会议旧址群之新泉革命旧址群 6 个点；(4) 芷溪宗祠建筑 3 个点；(5) 采陔公祠。

<table>
<tr><th>序号</th><th colspan="2">名 称</th><th>类别</th><th>年代</th><th>地理位置</th><th>公布时间</th><th>批次</th><th>文号</th></tr>
<tr><td rowspan="13">1</td><td rowspan="13">四堡书坊建筑群</td><td>马援庙</td><td>古建筑</td><td>清乾隆</td><td rowspan="11">马屋片四桥村（11 个）</td><td>2001 年 7 月</td><td>第五批</td><td>国发［2001］25 号</td></tr>
<tr><td>玉砂桥</td><td>古桥</td><td>清康熙</td><td>2001 年 7 月</td><td>第五批</td><td>国发［2001］25 号</td></tr>
<tr><td>林兰堂早期、林兰堂后期</td><td>古建筑</td><td>清嘉庆</td><td>2001 年 7 月</td><td>第五批</td><td>国发［2001］25 号</td></tr>
<tr><td>大厅厦</td><td>古建筑</td><td>明代</td><td>2001 年 7 月</td><td>第五批</td><td>国发［2001］25 号</td></tr>
<tr><td>马一坤祖屋（优秀民居）</td><td>古建筑</td><td>待考</td><td>2001 年 7 月</td><td>第五批</td><td>国发［2001］25 号</td></tr>
<tr><td>在兹堂、念兹堂、文林堂、文兹堂</td><td>古建筑</td><td>清代</td><td>2001 年 7 月</td><td>第五批</td><td>国发［2001］25 号</td></tr>
<tr><td>中田屋</td><td>古建筑</td><td>清代</td><td>2001 年 7 月</td><td>第五批</td><td>国发［2001］25 号</td></tr>
<tr><td>马子发祖屋（优秀民居）</td><td>古建筑</td><td>清代</td><td>2001 年 7 月</td><td>第五批</td><td>国发［2001］25 号</td></tr>
<tr><td>倍经堂、倍兰堂</td><td>古建筑</td><td>待考</td><td>2001 年 7 月</td><td>第五批</td><td>国发［2001］25 号</td></tr>
<tr><td>本立堂、耕莘堂</td><td>古建筑</td><td>清康熙</td><td>2001 年 7 月</td><td>第五批</td><td>国发［2001］25 号</td></tr>
<tr><td>史丰堂</td><td>古建筑</td><td>清嘉庆</td><td>2001 年 7 月</td><td>第五批</td><td>国发［2001］25 号</td></tr>
<tr><td>大成楼、德文堂</td><td>古建筑</td><td>清代</td><td rowspan="2">马屋片中南村（9 个）</td><td>2001 年 7 月</td><td>第五批</td><td>国发［2001］25 号</td></tr>
<tr><td>隆丰堂</td><td>古建筑</td><td>清乾隆</td><td>2001 年 7 月</td><td>第五批</td><td>国发［2001］25 号</td></tr>
</table>

续表

序号	名称		类别	年代	地理位置	公布时间	批次	文号
1	四堡书坊建筑群	马氏家庙	古建筑	待考	马屋片中南村（9个）	2001年7月	第五批	国发［2001］25号
		藏经阁	古建筑	清乾隆		2001年7月	第五批	国发［2001］25号
		百薮堂	古建筑	清康熙		2001年7月	第五批	国发［2001］25号
		马勋祥祖屋（优秀民居）	古建筑	清代		2001年7月	第五批	国发［2001］25号
		文汇楼	古建筑	清咸丰		2001年7月	第五批	国发［2001］25号
		万竹楼	古建筑	明崇祯		2001年7月	第五批	国发［2001］25号
		西园堂	古建筑	清光绪		2001年7月	第五批	国发［2001］25号
		定敷公祠	古建筑	清乾隆	雾阁村（21个）	2001年7月	第五批	国发［2001］25号
		关帝庙	古建筑	清乾隆		2001年7月	第五批	国发［2001］25号
		文峰挺秀（优秀民居）	古建筑	清光绪		2001年7月	第五批	国发［2001］25号
		碧清堂（早期）	古建筑	清康熙		2001年7月	第五批	国发［2001］25号
		碧清堂（晚期）	古建筑	清康熙		2001年7月	第五批	国发［2001］25号
		福兴堂与锦云堂	古建筑	清代		2001年7月	第五批	国发［2001］25号
		崇公祠	古建筑	待考		2001年7月	第五批	国发［2001］25号
		子仁屋	古建筑	清乾隆		2001年7月	第五批	国发［2001］25号
		父子登科	古建筑	待考		2001年7月	第五批	国发［2001］25号
		山光入户	古建筑	清嘉庆		2001年7月	第五批	国发［2001］25号
		翰香堂、万卷楼、玉兰堂、文苑堂	古建筑	清代		2001年7月	第五批	国发［2001］25号
		林文堂	古建筑	清代		2001年7月	第五批	国发［2001］25号
		尊经堂	古建筑	清顺治		2001年7月	第五批	国发［2001］25号
		文华堂	古建筑	清康熙		2001年7月	第五批	国发［2001］25号
		崇圣堂、兰馨堂、集贤堂	古建筑	清代		2001年7月	第五批	国发［2001］25号

续表

序号	名称		类别	年代	地理位置	公布时间	批次	文号
1	四堡书坊建筑群	墨香堂	古建筑	清康熙	雾阁村（21个）	2001年7月	第五批	国发［2001］25号
		明德堂	古建筑	清康熙		2001年7月	第五批	国发［2001］25号
		佐仁堂	古建筑	待考		2001年7月	第五批	国发［2001］25号
		佐圣堂	古建筑	清乾隆		2001年7月	第五批	国发［2001］25号
		文海楼	古建筑	清道光		2001年7月	第五批	国发［2001］25号
		诚明堂	古建筑	清乾隆		2001年7月	第五批	国发［2001］25号
		邹琪熙祖屋（优秀民居）	古建筑	待考	雾阁片田茶村（9个）	2001年7月	第五批	国发［2001］25号
		梅囿堂	古建筑	清康熙		2001年7月	第五批	国发［2001］25号
		达文堂、祖述堂、弘经堂	古建筑	清代		2001年7月	第五批	国发［2001］25号
		邹式亮祖屋（优秀民居）	古建筑	待考		2001年7月	第五批	国发［2001］25号
		以文堂（后期）	古建筑	待考		2001年7月	第五批	国发［2001］25号
		素位堂、素位山房	古建筑	清光绪		2001年7月	第五批	国发［2001］25号
		种梅山房、在公堂	古建筑	清光绪		2001年7月	第五批	国发［2001］25号
		梅园遗址	古建筑	明末清初		2001年7月	第五批	国发［2001］25号
		以文阁（以文堂早期房产）	古建筑	待考		2001年7月	第五批	国发［2001］25号
2	培田村古建筑群	超北公祠	古建筑	明崇祯	宣和乡培田村（25个）	2006年5月	第六批	国发［2006］19号
		隐南公祠	古建筑	清康熙		2006年5月	第六批	国发［2006］19号
		配虞公祠	古建筑	清雍正		2006年5月	第六批	国发［2006］19号
		美三公祠	古建筑	清光绪		2006年5月	第六批	国发［2006］19号
		教五堂（南邨公祠）	古建筑	清光绪		2006年5月	第六批	国发［2006］19号
		敬承堂（久公祠）	古建筑	清光绪		2006年5月	第六批	国发［2006］19号
		三让堂	古建筑	清光绪		2006年5月	第六批	国发［2006］19号

续表

序号	名　称		类别	年代	地理位置	公布时间	批次	文号
2	培田村古建筑群	学堂下	古建筑	清嘉庆	宣和乡培田村（25 个）	2006 年 5 月	第六批	国发［2006］19 号
		思敬堂（乐庵公祠）	古建筑	清光绪		2006 年 5 月	第六批	国发［2006］19 号
		文贵公祠	古建筑	清乾隆		2006 年 5 月	第六批	国发［2006］19 号
		世德堂（都阃府）	古建筑	清光绪		2006 年 5 月	第六批	国发［2006］19 号
		容膝居	古建筑	清道光		2006 年 5 月	第六批	国发［2006］19 号
		如松堂	古建筑	清光绪		2006 年 5 月	第六批	国发［2006］19 号
		双善堂	古建筑	始于乾隆，重建于同治		2006 年 5 月	第六批	国发［2006］19 号
		致祥堂	古建筑	清光绪		2006 年 5 月	第六批	国发［2006］19 号
		厥后堂	古建筑	清光绪		2006 年 5 月	第六批	国发［2006］19 号
		衡公祠	古建筑	清嘉庆		2006 年 5 月	第六批	国发［2006］19 号
		官 厅	古建筑	清康熙		2006 年 5 月	第六批	国发［2006］19 号
		继述堂	古建筑	清光绪		2006 年 5 月	第六批	国发［2006］19 号
		双灼堂	古建筑	清宣统		2006 年 5 月	第六批	国发［2006］19 号
		衍庆堂	古建筑	始于明成化，改于清乾隆		2006 年 5 月	第六批	国发［2006］19 号
		济美堂	古建筑	清光绪		2006 年 5 月	第六批	国发［2006］19 号
		进士第	古建筑	清光绪		2006 年 5 月	第六批	国发［2006］19 号
		恩荣牌坊	古建筑	清光绪		2006 年 5 月	第六批	国发［2006］19 号
		圣旨坊（乐善好施）	古建筑	清光绪		2006 年 5 月	第六批	国发［2006］19 号

续表

序号	名称		类别	年代	地理位置	公布时间	批次	文号
3	新泉革命旧址群	红四军前委机关旧址（望云草室）	革命史迹	清代	新泉镇新泉村（5个）	2006年5月	第六批公布，并入第一批古田会议旧址群	国发［2006］19号
		工农妇女夜校旧址（张家祠堂）	革命史迹	清代				
		红四军司令部旧址（于溪公祠）	革命史迹	清末				
		连南区革命委员会旧址（张氏家庙）	革命史迹	明代				
		士兵调查会旧址（新屋里）	革命史迹	清代				
		官庄农民调查会旧址（愧山公祠）	革命史迹	清代	新泉镇官庄村（1个）			
4	芷溪宗祠建筑	黄氏家庙	古建筑	清顺治	庙前镇芷溪村（3个）	2019年10月	第八批	国发［2019］22号
		翠畴公祠	古建筑	清光绪				
		澄川公祠	古建筑	清同治				
5	采陔公祠		古建筑	清代	庙前镇庙上复兴店	2019年10月	第八批	国发［2019］22号

连城县省级文物保护单位一览表

■ 伍玲金

共 12 处，67 个点：(1) 罗坊云龙桥；(2) 培田古民居 28 个点；(3) 璧洲文昌阁 3 个点（含永隆桥、天后宫）；(4) 玱瑚庙；(5) 文川桥；(6) 芷溪古建筑群 19 个点；(7) 丰图宗祠建筑群 4 个点；(8) 美玉堂连史纸作坊旧址；(9) 庙上江氏家庙；(10) 张氏民居思源堂；(11) 塘前红军北上抗日先遣队旧址；(12) 松毛岭战役遗址群 6 个点。

序号	名称		类别	年代	地理位置	公布时间	批次	文号
1	云龙桥		古桥	明崇祯	罗坊乡	1996 年 9 月	第四批	闽政［1996］36 号
2	培田古民居	在宏公祠	古建筑	清光绪	宣和乡培田村（28 个）	2001 年 1 月	第五批	闽政［2001］15 号
		紫阳书院	古建筑	清初		2001 年 1 月	第五批	闽政［2001］15 号
		至德居	古建筑	清乾隆		2001 年 1 月	第五批	闽政［2001］15 号
		敬彰公祠	古建筑	清乾隆		2001 年 1 月	第五批	闽政［2001］15 号
		南山书院	古建筑	清乾隆		2001 年 1 月	第五批	闽政［2001］15 号
		天一公祠	古建筑	清康熙		2001 年 1 月	第五批	闽政［2001］15 号
		容庵公祠	古建筑	清乾隆		2001 年 1 月	第五批	闽政［2001］15 号
		俞杨公祠	古建筑	清康熙		2001 年 1 月	第五批	闽政［2001］15 号
		大居敬（锦江公祠）	古建筑	清乾隆		2001 年 7 月	第五批	国发［2001］25 号
		畏严公祠	古建筑	清乾隆		2001 年 1 月	第五批	闽政［2001］15 号

续表

序号	名称		类别	年代	地理位置	公布时间	批次	文号
2	培田古民居	八四公祠（敦本堂）	现代建筑	1947 年	宣和乡培田村（28 个）	2001 年 1 月	第五批	闽政［2001］15 号
		溪垅居	古建筑	清雍正		2001 年 1 月	第五批	闽政［2001］15 号
		集祥堂	古建筑	清光绪		2001 年 1 月	第五批	闽政［2001］15 号
		工房门楼	古建筑	清光绪		2001 年 1 月	第五批	闽政［2001］15 号
		修竹楼	古建筑	清光绪		2001 年 1 月	第五批	闽政［2001］15 号
		绳武楼	古建筑	始于明万历，修于清光绪		2001 年 1 月	第五批	闽政［2001］15 号
		锄经别墅	古建筑	清同治		2001 年 1 月	第五批	闽政［2001］15 号
		乾生公祠	古建筑	清雍正		2001 年 1 月	第五批	闽政［2001］15 号
		文武庙	古建筑	建于清乾隆，修于 1995 年		2001 年 1 月	第五批	闽政［2001］15 号
		天后宫	近现代建筑	建于清乾隆，修于 1993 年		2001 年 1 月	第五批	闽政［2001］15 号
		敦朴堂	古建筑	清光绪		2001 年 1 月	第五批	闽政［2001］15 号
		银库	古建筑	清康熙		2001 年 1 月	第五批	闽政［2001］15 号
		拯婴社	古建筑	清嘉庆		2001 年 1 月	第五批	闽政［2001］15 号
		灼其祠	古建筑	清宣统		2001 年 1 月	第五批	闽政［2001］15 号
		万安桥	现代建筑	始于清乾隆，改建于 1975 年		2001 年 1 月	第五批	闽政［2001］15 号
		承志堂	古建筑	清同治		2001 年 1 月	第五批	闽政［2001］15 号
		进德堂	近代建筑	1946 年		2001 年 1 月	第五批	闽政［2001］15 号
		巨堂公祠	古建筑	清代		2001 年 1 月	第五批	闽政［2001］15 号

续表

序号	名称		类别	年代	地理位置	公布时间	批次	文号
3	璧洲文昌阁	永隆桥	古桥	明代	莒溪镇璧洲村（3个）	2001年1月	第五批	闽政［2001］15号
		璧洲文昌阁	古建筑	清代		2001年1月	第五批	闽政［2001］15号
		天后宫	古建筑	清乾隆		2001年1月	第五批	闽政［2001］15号
4	玱瑚庙		古建筑	明代	朋口镇马埔村	2013年1月	第八批	闽政［2013］9号
5	文川桥		古桥	南宋	莲峰镇中山街（城关南门头）	2013年1月	第八批	闽政［2013］9号
6	芷溪古建筑群	杨辉公祠	古建筑	明嘉靖	庙前镇芷溪村	2009年11月	第七批	闽政［2009］375号
		集鳣堂	古建筑	清康熙	芷溪村竹坑桥头沿河路边	2009年11月	第七批	闽政［2009］375号
		杨氏家庙	古建筑	清康熙	芷溪村背园	2009年11月	第七批	闽政［2009］375号
		培兰堂	古建筑	清代	庙前镇红自然村下神树山路5号	2018年9月	第九批公布，与第七批芷溪宗祠建筑合并	闽政［2018］218号
		桂馨堂	古建筑	清代	庙前镇芷溪村中心地段	2018年9月		闽政［2018］218号
		绍德堂	古建筑	清代	庙前镇芷溪村	2018年9月		闽政［2018］218号
		敦安堂	古建筑	清代	庙前镇芷星村松树坝路18号	2018年9月		闽政［2018］218号
		永裕堂	古建筑	清代	庙前镇芷溪村	2018年9月		闽政［2018］218号
		怡庆堂	古建筑	清代	庙前镇芷溪村	2018年9月		闽政［2018］218号
		乔荫堂	古建筑	清光绪	庙前镇芷溪村四叉路口12号	2018年9月		闽政［2018］218号
		王淑振旧居（文清公祠）	近现代重要史迹及古建筑	清代	芷溪村委旁	2018年9月		闽政［2018］218号

续表

序号	名称		类别	年代	地理位置	公布时间	批次	文号
6	芷溪古建筑群	华岳公祠	古建筑	1730 年	芷溪村委旁	2018 年 9 月	第九批公布，与第七批芷溪宗祠建筑合并	闽政［2018］218 号
		黄海故居（慎修堂）	古建筑	清光绪	芷溪四叉路 7 号	2018 年 9 月		闽政［2018］218 号
		黄鸣谦故居（孚吉堂）	古建筑	清光绪	芷红村大石头边	2018 年 9 月		闽政［2018］218 号
		游击战争时期兵工厂（止斋公老屋）	近现代重要史迹	清代	庙前镇芷溪村松树坝	2018 年 9 月		闽政［2018］218 号
		游击队活动旧址（背园谷堂）	近现代重要史迹	清乾隆	庙前镇芷红村背园自然村	2018 年 9 月		闽政［2018］218 号
		杨簧故居（草坪老屋）	古建筑	明末	庙前镇芷星村草坪自然村	2018 年 9 月		闽政［2018］218 号
		黄际蛟故居（福安堂）	古建筑	清光绪	芷红村大众路 10 号	2018 年 9 月		闽政［2018］218 号
		吉昌堂	古建筑	清光绪	庙前镇芷红自然村大众路 11 号	2018 年 9 月		闽政［2018］218 号
7	丰图宗祠建筑群	泰孚公祠（附属建筑述光堂）	古建筑	清代	庙前镇丰图下村	2018 年 9 月	第九批	闽政［2018］218 号
		翠岩公祠						
		含山公祠						
8	美玉堂连史纸作坊旧址		古建筑	1685 年	姑田镇上堡村丰头自然村	2018 年 9 月	第九批	闽政［2018］218 号
9	庙上江氏家庙		古建筑	清代	庙前镇庙上村	2018 年 9 月	第九批	闽政［2018］218 号
10	张氏民居思源堂（张南生故居）		古建筑	清代	新泉镇北村	2018 年 9 月	第九批	闽政［2018］218 号
11	塘前红军北上抗日先遣队旧址（宝鉴堂）		近现代重要史迹	1934 年	塘前乡塘前村	2018 年 9 月	第九批	闽政［2018］218 号

续表

序号	名称		类别	年代	地理位置	公布时间	批次	文号
12	松毛岭战役遗址群	前线指挥部旧址郭公寨	近现代重要史迹	1934 年	朋口镇文坊村	2018 年 9 月	第九批	闽政［2018］218 号
		温坊战斗战地医院旧址东山庙						
		温坊苏维埃政府旧址盈吾公祠						
		红一军团二十四师青年运动会旧址温坊古戏台						
		七岭三角坑红军亭						
		无祀会活动旧址						

连城县国家级、省级文物保护单位简介

▪ 伍玲金

连城是文物大县，目前有国家级重点文物保护单位 5 处 85 个点，省级文物保护单位 12 处 67 个点。这 152 个点主要是古建筑和近现代重要史迹，是连城历史发展的见证，从中可看出连城人民的勤劳智慧和坚毅勇敢，具有重要的历史、艺术和科学价值。

一、国家级重点文物保护单位

1. 四堡书坊建筑群简介

山光入户（伍玲金供图）

素位房（伍玲金供图）

子仁屋（伍玲金供图）

林兰堂（伍玲金供图）

四堡书坊建筑群是明清时期中国四大雕版印刷基地之一，是目前世界上唯一幸存且保存较为完好的雕版印刷文化遗址。遗址保护区主要分布于四堡乡中南、四桥、雾阁、田茶 4 个行政村，面积 25.4 公顷，有 50 处古书坊被列为全国重点文物保护单位。四堡雕版印刷业起源于宋，发展于明，鼎盛于清。清乾隆、嘉庆年间，四堡有书坊近 300 家，所印书籍种类繁多，已查证的有启蒙书、经史子集、医学、小说、诗词等 9 大类 1000 余种，书籍销售曾“垄断江南，行销全国，远销海外”。

2. 培田村古建筑群简介

双灼堂（伍玲金供图）

工房门楼（伍玲金供图）

三岔口（伍玲金供图）

久公祠（伍玲金供图）

培田村，面积 13.4 平方公里，辖 14 个村民小组，共 389 户 1489 人。培田村始建于南宋时期，明中叶粗具规模，鼎盛于康乾盛世，明清时期是连城到汀州府古官道上的驿站，历经 800 余年。古民居建筑群主要由 30 幢高堂华屋、21 座宗祠、6 处书院、2 道圣赐跨街牌坊、3 庵 2 庙和 1 条千米古街组成，内有牌楼、店铺、民居、祠堂、戏台、书院、庙宇、亭阁等建筑类型，其中国保 25 个，省保 28 个。其布局合理、艺术精湛，被誉为“民间故宫”“世界建筑史上的奇葩”。

3. 新泉革命旧址群简介

望云草室（杨彬芳供图）

新泉红四军司令部（罗道佺供图）

新泉革命旧址群，2006 年 5 月被公布为第六批全国重点文物保护单位，共包括红四军前委机关和政治部旧址（望云草室）、工农妇女夜校旧址（张家祠）、红四军司令部旧址（于溪公祠）、连南区革命委员会旧址（张氏家庙）、士兵调查会旧址（新屋里）、官庄农民调查会旧址（愧山公祠）6 个点。先后被列为省级国防教育基地、福建省党史教育基地、福建省机关妇建“四级联创”基地，市级爱国主义教育基地、市级第一批党史教育基地、市级中小学校传统教育基地、龙岩市党的群众路线教育实践基地、龙岩市第二批社会科学普及基地，是当前全市党员干部培训现场教学的核心教学点之一。

4. 芷溪宗祠建筑简介

芷溪宗祠建筑由黄氏家庙、澄川公祠、翠畴公祠组成，为典型的“九厅十八井”宗祠建筑。其门楼设计精美，大门屋脊翘角宏伟壮观，内部壁画、彩绘图案精美，是研究明清时期建筑艺术和人文历史的鲜活载体。

翠畴公祠（伍玲金供图）

黄氏家庙（伍玲金供图）

5. 采陔公祠

庙前采陔公祠（李霞摄）

该公祠建于清代，坐南向北，占地面积约 4865 平方米，建筑面积 4311 平方米。公祠前落为斯馨堂，后落为聚欢堂。共有内外两重大门，两进厅两横屋布局。内门为石门楼，全为洁白的大理石结构，飞檐翘角，鳌头斗拱，做工考究，雕刻精细，门前两对石柱，内石柱承接石雕的“采陔公祠”额匾。

二、省级文物保护单位

1. 云龙桥

云龙桥建于明崇祯七年（1634），清乾隆三十七年（1772）重修，1996 年被列为福建省文物保护单位。云龙桥为六墩七孔石墩木梁廊屋桥，东南一西北走向，长 81 米，宽 5 米，高 30 米。桥的一端建在悬岩上，桥墩均用坚硬的花岗岩条石砌筑，桥身用圆杉木分 7 层纵横叠铺，下窄上宽，桥面采用鹅卵石砌铺。桥屋为穿斗式木结构，由 128 根木柱分 4 排撑起卷棚屋顶。桥面中间为车马道，两边为走廊。桥沿两边设木栏杆，上覆盖双重薄木板雨披。

云龙桥（连城县文联供图）

桥中偏西处建有双层六角小阁楼，称魁星阁，内供奉魁星。桥的正中还建庑殿式屋顶的桥亭。桥西两端各置一座斗拱牌楼。

2. 璧洲文昌阁（含永隆桥、天后宫）

璧洲文昌阁，建于清康熙三十一年（1692），清同治五年（1866）重修，1983 年再修。占地面积约 500 平方米，坐西朝东，外形 5 层，实为 4 层，通高 22 米，穿斗式木构架，攒尖顶，底层二层，平面呈方形。中共福建省委原书记项南曾在此就读。

璧洲文昌阁（吴彬摄）

永隆桥（吴彬摄）

永隆桥，建于明洪武十年（1377），南北走向，悬山顶，桥长 72.3 米，宽 5.1 米，矢高 4.3 米，引桥长 22 米。桥头悬挂的“永隆桥”牌匾为项南所题。

天后宫，始建于清乾隆末年，嘉庆初年完成，坐西朝东，占地面积 440 平方米。

3. 玲瑚庙

玲瑚庙，位于朋口镇马埔村，始建于明英宗正统年间，占地面积约 1450 平方米，建筑面积 627 平方米。该庙坐东北朝西南，现存建筑有门坪南角门楼，中轴线依次为：院墙（照壁）、门坪、

玲瑚庙（罗小林供图）

前殿、回廊与天井、正殿及北侧披榭。正殿明间二檐设斗拱出跳，飞檐翘角，雄壮肃穆，殿内明间四金柱天花为藻井，做工考究，藻井出跳斗拱共七踩，七踩以上斗拱出跳转为旋转式九踩；殿内抬梁式木构架，雕刻精美。此庙为纪念闽王王审知而建，民间尊王审知为“公太”，即祖先之意，自明朝中叶约600年来，连城河源十三坊民众轮流迎送祭祀，场面壮观，仪式隆重。

4. 文川桥

文川桥原称清溪桥，始建于南宋绍兴年间，后毁于大水，元至正年间重建，改为文川桥。明正统年间毁于兵灾，又重建，清顺治四年(1647)重修。该桥呈南北走向，长46.07米，宽5.9米，高5米，建筑面积271.81平方米。为两墩三孔木伸臂梁廊屋桥，块石砌筑船形分水桥墩，伸臂梁用8层杉木纵横叠铺，上承托木梁。桥梁木长15米。桥面中铺灰绿色石板，两侧铺鹅卵石，桥屋十四开间，进深四柱，中部重檐歇山顶，两侧有雨遮，桥北端建牌楼式门楼。2017年进行维修。

文川桥（罗小林供图）

5. 芷溪古建筑群

芷溪村域内有芷红、芷溪、芷星、芷民、芷联和坪头等6个行政村，面积为 10.8 平方公里，常住人口超过 1.2 万人。留存有明清古宗祠 74 座、古民居 139 幢，多为祠居合一建筑。其中国家级重点文物保护单位 3 个点，省级文物保护单位 19 个点，革命旧居旧址 8 处，书院 10 余处，具有规模宏大、布局独特、门楼壮观、工艺精湛的建筑特点。

隐轩公祠（黄广焱供图）

杨辉公祠（黄广焱供图）

6. 丰图宗祠建筑群

丰图宗祠建筑群由翠岩公祠、含山公祠、泰孚公祠附属建筑述光堂组成。采用客家地区通用的祠堂形制而建，门楼威严、庭院舒畅、雕梁画栋、飞檐翘角、气势恢宏，留下了清代能工巧匠的雕刻（木雕、石雕、砖雕）、灰塑、书法、绘画、园艺等精美技艺。

丰图泰孚公祠（邓大跃供图）

丰图翠岩公祠（邓大跃供图）

7. 美玉堂连史纸作坊旧址

该作坊建于康熙三十年（1691），利用当地丰富的水利资源，依山而建纸寮，依水建水碓寮。旧址由制料坯炊、碓寮房、纸寮房等组成，占地面积约

修缮保护的连史纸作坊旧址（周宗胜摄）

1120 平方米。作坊旧址大部分是石构建筑，是竹丝制作、蒸煮黄坯、天然漂白、捞纸烘焙等一套完整造纸工序的作坊，为研究我国南方古代造纸技术发展提供了实物资料。

8. 庙上江氏家庙

江氏家庙建于清乾隆年间，几经维修。坐南向北，占地面积约 1480 平方米，建筑面积 585 平方米。由门楼、门头房、院坪、正落下厅、上厅及横屋组成。外门楼呈八字形，四柱三间三楼式，上、下厅均面阔五间，抬梁穿斗混合式木构架。下厅前后檐木柱、上厅的金柱改建为方形砖柱，下厅前檐墙改建西式砖砌牌楼。2015 年，将该祠设立为江一真生平事迹陈列馆。

江氏家庙（罗道佺供图）

9. 张氏民居思源堂

思源堂建于清咸丰年间，坐东向西，总面阔 51.55 米，总进深 39.08 米，建筑面积 1338 平方米，由围墙、雨坪、门楼、门厅、天井、中厅、天井、上厅及两侧横屋组成。上厅面阔五间，进深四柱，抬梁穿斗混合式木构架，硬山顶，三合土地面。

思源堂为张南生将军故居。张南生（1905—1989），1929 年 6 月参加革命，1930 年 2 月加入中国共产党，同年 5 月参加红军，曾任解放军北京军区副政委、大军区正职顾问。1955 年 9 月，被授予解放军中将军衔。

张南生将军故居（罗道佺供图）

10. 塘前红军北上抗日先遣队旧址（宝鉴堂）

宝鉴堂建于清光绪年间，坐东北朝西南，占地面积约 1433 平方米，建筑面积 642 平方米。由门楼、天井、下厅、上厅及左右横屋等组成，布局呈对称分列，地面为三合土，整体结构保存较完整。

1934 年 7 月，红军北上抗日先遣队经过塘前就住在宝鉴堂，屋内现完整保留“打倒帝国主义”“打土豪分田地”等红军标语。

塘前红军北上抗日先遣队旧址（江仁铭供图）

11. 松毛岭战役遗址群

1933—1934 年间，在连城县朋口镇松毛岭地区，先后发生“朋口战役”“温（文）坊战斗”“松毛岭战役”等三次重大战役。万余名红军战士浴血奋战，为中央红军战略大转移赢得宝贵时间。松毛岭战役遗址群（连城县）由松毛岭战役前线指挥部旧址郭公寨、温坊战斗战地医院旧址东山庙、温坊苏维埃政府旧址盈吾公祠、红一军团二十四师青年运动会旧址温坊古戏台、七岭三角坑红军亭、无祀会活动旧址等 6 处省保和战壕等多处遗址组成。

军魂亭（冠豸山风景区管委会供图）

松毛岭战役前线指挥部旧址（冠豸山风景区管委会供图）

连城县国家级非物质文化遗产项目

▪ 连城县文化馆

一、闽西客家十番音乐

连城县闽西客家十番音乐，有“客家十欢”“打十番”“打五对”“十样景”“集欢”等多种不同称谓，一般称“十番”者最多（按连城方言，“十番”读 shí bān）。所谓“十番”，是指乐队演奏的乐器常为十件，即二胡、吊规、三弦、扬琴、琵琶、竹笛等丝竹乐器及拍板、小堂鼓、小锣、小钹等打击乐器，演奏者常为十人（在非正规的、非特定的活动中，人员会有所增减）。它是闽西客家的民间艺术形式，是传统文艺最主要的代表性项目之一。

清光绪以后，十番音乐在连城县已经十分流行。闽西客家十番音乐在形成、成熟、流行的过程中，不断吸收融合了当地各种音乐元素，从而形成了各种不同艺术风格的曲调和自身的特色，艺术积淀十分深厚。

闽西客家十番音乐（连城县文化馆供图）

“闽西客家十番音乐（连城县）”于 2005 年 10 月被福建省人民政府列入第一批省级非物质文化遗产代表作名录，于 2006 年 5 月被国务院公布为第一批国家级非物质文化遗产。

据称，十番音乐曲牌总数曾多达 1000 余首，但大多已失传。至今仍可找到的工尺谱和 20 世纪五六十年代搜集、记谱、油印流传下来的不到 300 首，而尚在民间流传演奏的不到百首。大部分是器乐曲，少数有唱词可供演唱。

“闽西客家十番音乐（连城县)”曲牌大致可分为三类：第一类是乐曲，如《南词》《娱乐升平》《过江龙》《将进酒》《得胜令》《串子》等，是传统的十番乐曲；第二类是小调，如《红绣鞋》《双扶船》《螃蟹歌》等，是为打船灯、踩马灯伴奏的民间小调；第三类是戏曲弦串，如《南北进宫》《琵琶词》《一点金》《小扬州》《春夏串》等，吸收了闽西汉剧、潮剧、采茶戏、饶平戏等过场音乐或唱腔。

“闽西客家十番音乐（连城县)”的板式有单板、双板、双双板三种。单板又叫头板、慢板，节奏较慢；双板又叫二板、中板，节奏中等；双双板又叫三板、快板，节奏较快。在演奏中，经常是先从慢板起，然后接中板，最后快板。连接中常以笛子或吊规带头。

“闽西客家十番音乐（连城县)”的演奏类型分文场和武场：文场为丝竹乐器，用二胡、笛子、三弦、琵琶、扬琴等；武场为打击乐器，用小堂鼓、拍板、

十番音乐庆佳节（冠豸山风景区管委会供图）

小锣、小钹等。

“闽西客家十番音乐（连城县）”的演奏方式有坐奏与行奏，即演奏者可坐着演奏，亦可一边行走一边演奏。

“闽西客家十番音乐（连城县）”多用于自娱自乐和祝贺迎亲、寿宴、生日、金榜题名等喜庆场合以及如游龙、游灯等大型民俗活动等场合的演奏，主要是营造一种悠扬、和谐、诙谐、喜庆的热闹气氛。因传统十番属于娱乐和喜庆性质，白事一般不宜演奏十番音乐。

十番音乐在连城城乡广泛流传并深得群众喜爱，不论城镇还是乡村，几乎都有演奏十番音乐的班社。这些班社虽然多为业余的艺人组成，但长年都有活动，节假喜庆日尤甚。十番音乐除班社和民众自身演奏外，还延伸到连城的闽西汉剧、连城提线木偶戏等民间传统文艺活动中。如今，连城县境内的十番乐队已经达上百个，遍布于城乡，其演奏活动仍然十分活跃，显得生机蓬勃，生意盎然。

二、闽西汉剧

闽西汉剧（连城县）旧称“外江戏”，亦称“乱弹”，主要流行闽西、粤东客属地区；赣南和闽南等地亦有流行，影响遍及台湾和东南亚。“闽西汉剧(连城县)”的艺术高度、影响力等虽不及京剧、豫剧、黄梅戏等剧种，但它根植于广大客家地区，深得老百姓的喜爱，被连城群众称为“家乡戏”，被外乡人誉为“南国牡丹”。

2005 年 10 月，“闽西汉剧（连城县）”被福建省人民政府列入第一批省级非物质文化遗产代表作名录。2006 年 5 月，闽西汉剧（连城县）被国务院列入第一批国家级非物质文化遗产名录。现有市级传承人赵

闽西汉剧（连城县文化馆供图）

秀珍、谢象荣。

连城闽西汉剧形成于清乾隆年间，迄今至少已有250年历史，相传有600多个传统剧目。“闽西汉剧（连城县）”音乐以西皮、二黄为主，并有昆腔、梆子腔、弋阳腔、佛调、民间小调等多种声腔。最具特色的乐器是吊规、大苏锣。吊规状如牛角，又叫“牛角弦”，发音高尖、清脆，是领奏乐器。大苏锣直径80厘米左右，重十七八斤，其体积之大为其他剧种所少见，其声文静、古朴、清雅，音波悠扬。

闽西汉剧表演（李霞摄）

“闽西汉剧（连城县）”角色行当分生、旦、丑、净四门，后为生、旦、丑、公（老生）、婆（老旦）、净六行，现在一般都称小生、老生、青衣、花旦、正旦（乌衣）、老旦（老妈）、红净（花脸）、黑净（黑头）等行当。旦行还有武旦；老生分文、武老生；黑净分大花、二花；丑分官袍丑（官带丑）、方巾丑、短衣丑。此外还有彩旦、大丑等。

各行当各有不同的唱腔和发音方法。小生、青衣、花旦、正旦用假嗓(小嗓)发音。老生、老旦、丑用本嗓（原嗓）。黑净发炸音。红净真假嗓结合。其发音方法为其他剧种所罕见。唱腔丰富多彩，优美动听，富有特色。

闽西汉剧行当齐全、活动正常，活跃于连城民间的乡村剧团有近十个。

三、闽西客家元宵节庆

连城有众多的客家传统民俗活动，闽西客家元宵节庆的连城部分就是其中之一。闽西客家元宵节庆于2008年6月被国务院列入第二批国家级非物质文化遗产名录。连城县被列入其中的是姑田游大龙、罗坊走古事、芷溪花灯、新泉烧炮等四种典型的客家民俗文化活动。

闽西客家元宵节庆（连城县文化馆供图）

1. 姑田游大龙

龙文化是汉族等东亚民族最具代表性的传统文化之一。龙代表着吉祥、尊贵、勇猛，寓祛邪、避灾、祈福的作用。民间常常祈祷得到龙的保佑，以求风调雨顺、五谷丰登。

春节期间，连城各乡村大多有民间游龙习俗。其形制和习俗大同小异，只因各地活动空间、人口数量、经济发展水平、文化积淀层次等的差异而呈现龙的体型、游龙规模和游龙文化底蕴不同而已。

姑田大龙1（连城县文联供图）

姑田大龙形体庞大，长逾千米，工艺精美，参与者众。活动全程散发

姑田大龙 2（连城县文体旅游局供图）

着浓郁的客家情调，独具连城游龙文化代表性，于 2012 年成功申报“最长游行花车”吉尼斯世界纪录，享有“天下第一龙”之美誉。据考证，姑田游大龙源于明朝万历年间，相承沿袭近 450 年。经多次改进，既美观又便于擎持出游，成为连城县元宵节最具深远影响的重大活动之一。姑田游大龙的程序有几个环节，如安排确定出龙头龙尾的姓氏和家族、成立游龙组织机构、组织乐队，接“小公爹”、扎龙、出龙、游龙、喝龙酒、烧龙等，与连城其他乡村相比显得更为纷繁复杂。2015 年 10 月，姑田大龙应世界客属恳亲大会邀请，赴台湾新竹县巡游，受到世界多家媒体的关注和好评。

此外，连城县文亨、林坊、莒溪、朋口等地均有元宵游龙习俗，其形式与姑田游龙类似，唯规模远不如姑田大龙而已。

2. 罗坊走古事

走古事是流布于连城县罗坊乡的一项久远的民俗活动。据传，清朝康熙年间，曾任湖南武陵县知县、陕西宁州知府的罗坊罗氏第十四代才徵公卸任返梓时，将武陵以“走古事”方式祈求消灾的习俗移授乡梓。自此，走古事之习俗便沿袭至今，迄今已走过了 300 余年。

罗坊走古事活动内容与程序大致如下：

（1）落实组织。走古事前，组成走古事临时指挥机构，每年正月初六在始祖祠开会，共同商定元宵走古事的有关事宜，按抽签确定大福首及其他各棚古事的排列顺序。

(2) 安神斋戒。正月十二日晚，用轿将莲章寺内的“三太祖师”菩萨抬到始祖祠供奉，叫安神。之后，由一位德高望重的长者宣布斋戒。此后数日，全村都要吃斋，一直要坚持到正月十五日下午三点，古事下溪卸妆后方可开斋。

(3) 准备活动。大体分三个步骤：首先是锻炼脚力，其次是选定线路，最后是清除必经路上的障碍物。

陆上走古事（冠豸山风景区管委会供图）

(4) 竞走古事。正月十四日大约十点钟，各棚古事汇集始祖祠等候。到了十点半，各棚古事按既定的线路抬到屋背山戏台坪进口处。古事到齐后，稍顿片刻，便在震天的神铳声中，紧跟着大福首冲入戏台坪，狂奔于椭圆形的跑道，直至“三太祖师”菩萨抬至戏台坪中心停轿，方才歇息。此时，一支由花棚彩旗、高脚戏、万民宝伞、鼓号队等组成的大型游行队伍鸣锣开道，开始踩街。游三圈后，神铳再次齐鸣，各棚古事狂奔在跑道上。顺走、逆走各三圈后，稍作停留，神铳再次齐鸣，各棚古事又狂奔起来，直至大福首与第二棚古事拉开一定距离，方才随神铳声直奔出口，回到各自预定的停放点卸妆。

水上走古事（冠豸山风景区管委会供图）

(5) 古事下溪。罗坊元宵走古事分两天进行。正月十五日上午是走古事的高潮。此时，各棚古事的竞争更加激烈和壮观。古事先在屋背山戏台坪原址走了几圈，随后抬到云龙桥畔妈祖神像前周游。尔后，来到云龙桥头新辟的广场上停留。下午一时许，七棚古事在排山倒海般的欢呼声中，从云龙桥冲下河床，逆水而上。几百名壮汉，不畏天寒地冻，不怕水深苔滑，抬着古事棚朝前冲，形成一轴“山村狂欢节”的壮丽画卷。

至此，整个走古事活动结束。

3. 芷溪花灯

庙前镇的芷溪花灯因制作精美，出游时规模宏大、场面壮观，颇具艺术性和观赏性，蕴含独特的人文内涵而影响甚远。

芷溪的先人们曾对原有的花灯进行了多次创新性的改进，不仅吸收了苏州花灯的元素，而且融入了当地客家民俗文化特色，历经几百年的演变，使花灯制作、花灯巡游、花灯锣鼓等一系列要素一并趋于完善，最终形成了现今独具特色、名扬四方的芷溪花灯文化。承袭至今，芷溪花灯逐渐演变为当地全民参与的节日期间重要民俗活动，且充满娱乐性和艺术性。

在连城方言里，“灯”和“丁”同音，游花灯寄托了人们对平安顺遂、兴丁旺族的企盼。因此，在芷溪，人们把给花灯上火又叫上灯（上丁）。花灯出游回家后，将琉璃杯自灯内取出，转移到各个房间继续点燃，表示“添丁”。

上灯（黄广焱供图）

芷溪花灯的基本内容如下：

（1）花灯造型、装饰特点

一盏花灯由 114 个（1986 年后为降低擎灯难度改成 99 个）各式各样的小花灯组合而成，直径 2.2 尺，高约 4 尺，在形式结构、花样色彩、工艺技巧诸方面都别具一格。小纱灯以竹篾为骨架，粘贴了各色各样的图案花边，中间盛装耐热的琉璃杯，杯中盛茶油，以灯芯草做灯焾。点亮灯芯，即如白纸包火，流光溢彩、剔透玲珑，令人叹为观止！

主体灯的上层是宝盖头，分内外

两层，中间是走马灯。外层形似八角亭。角与角之间有 6 个门，其中又有内层门和外层门。门与门之间有生、旦、净、丑等各种行当，装扮成各类人物，演绎各类故事。圆门上书写“风调雨顺”“人寿年丰”等祈福话语。

通过两重门，里面是走马灯。走马灯上绘有各类神话人物。点燃走马灯，空气受热上升，带动上面的螺旋桨，走马灯就不断转动。外层宝盖上有十六个凤凰灯，每只凤凰口含三串绿豆大的彩色玻璃珠，凤凰头顶上有三根钢丝，钢丝上端有三个红、黄、绿三色的绒球。凤凰展开翅膀，临风颤动，栩栩如生，配合走马灯不断旋转，十分喜人。

(2) 花灯轮值、出游队伍及时间安排

芷溪花灯先由各姓当值轮游，后几经变化，最终形成了黄、杨、邱、华四姓轮游的局面。一个花灯队伍由 30 ～ 35 人组成 (其中打锣鼓 9 人)。从正月初一开始，几户人合一个花灯轮流出游，一直游到正月十二日或元宵节止。

(3) 花灯出游礼规

正月初九至正月十二是游花灯的高潮，叫正案或正日。出游有礼规，如要按选定的路线走，正日要严格斋戒，正月十二回礼 (即花灯回到家中)，宾客要在门口迎接，后把琉璃杯从小花灯内取出 (只留一盏在花灯内) 移到各

游花灯（黄广焱供图）

个房间继续点，正案期间路上不能游古事等。此外还有服丧人不得参加游花灯，花灯烧了要立刻重装替补等要求。

(4) 花灯出游相关活动

配合游花灯的其他活动有案灯、案龙、游古事和乐队演奏等。

(5) 花灯锣鼓

花灯出游必配锣鼓伴行开道，由一面鼓、两面锣及大钹、小钹、碗锣、铜钟、苏锣等组成，乐队由鼓点指挥。芷溪花灯和芷溪锣鼓是团队协作精神的典范。

4. 新泉烧炮

相传，清同治初年，有一神僧带着观音、定光、伏虎三尊铜塑菩萨，云游到新泉西村的永丰寺挂单。这三尊菩萨被尊为“三太祖师”。“三太祖师”相当显灵，有求必应，保一方平安，因此朝拜者络绎不绝，香火旺盛。于是，新泉、西村、北村三个村村民商定，将每年每季第一个月的十五日作为“三太祖师”出游过案日，人们燃放鞭炮相迎，以示恭敬。为了节省燃放鞭炮的时间，便改成了烧炮，并沿袭至今。

新泉烧炮（杨彬芳供图）

烧炮的主要器具和材料有鞭炮、门板、香纸、蜡烛、“三太祖师”菩萨轿、锣鼓、十番队等。烧炮的基本内容有：

(1) 出游仪式

“三太祖师”出游前三天，出案地和承案点的民众都要沐浴斋戒，以示虔诚敬意。出游的队伍，做前导的是抬狮、豹、龙、凤的三角旗队、锣鼓队、万民宝伞队、“回避”“肃静”的仗牌队及十番队，接着是彩旗队，之后是“三太祖师”的神轿。长长的队伍彩旗飞扬，锣鼓喧天，蔚为壮观。途经路线每个案点都摆好供品、香烛纸、鞭炮，“三太祖师”一到，马上焚香点烛烧纸，燃放鞭炮，恭迎圣驾，并献上“奉钱”。

（2）烧炮过程

新泉镇四邻有新泉村（东南）、西村、北村三个村。正月十四日，家家户户将筹备好的一万至十万响的鞭炮密集圈围成三角形板炮，用一块门板做垫，放至家中安全处，并在屋前空坪里架起三根木柱做架子，准备次日烧炮用。正月十五日凌晨开始，“三太祖师”按既定出游线路在全村巡游，从北村、西村游至东南村。每到一个供奉点，主人都会从倒挂三角形底部点燃引火线，炮声由小而大，开始是噼里啪啦的点响，最后以轰隆一声巨响收尾。顿时，一团火球及蘑菇状的浓烟腾空而起，整个过程仅仅持续三十余秒钟，响声极富层次和刺激感。

新泉烧炮，意在其驱云之烟、动心之火、震耳之声，祈一年之顺。每个入案户主面前摆上三只碗（碗内斟上半碗酒），手中抓一只大公鸡，列队恭候在入案祠庙的两旁，游行队伍一到，立即点燃香烛，割鸡血入碗，祷告神祇庇佑，随后倒扣碗中鸡血酒，以示虔诚。

“三太祖师”返庙后，村民再将公鸡带到滚沸的温泉边拔毛清肠，然后回家煮鸡下酒，宴请亲友。温泉口边数百人杀鸡场面蔚为壮观。

四、连城雕版印刷技艺

在唐朝中后期，世上广泛使用的是雕版印刷（直至北宋毕昇发明活字印刷术）。目前世界上最早的，有明确日期记载的雕版印刷品是在敦煌千佛洞里发现的《金刚经》，距今近1150年（唐懿宗咸通年间）。

雕版印刷技艺（连城县文化馆供图）

四堡雕版印刷业起源

于宋，发展于明，鼎盛于清。两宋年间，四堡曾有民间印刷作坊。自明代起，四堡的雕版印刷业开始呈现刻板、印刷、包装、销售一条龙的繁荣景象。到清乾隆、嘉庆和道光三代，四堡印刷业“广镌古今遗篇，布诸海内，锱铢所积，饶若素封”，形成了“家家无闲人、户户有书香”的鼎盛局面。四堡创造了我国雕版印刷史上的辉煌，迎来了四堡雕版印刷业的黄金时代。在这弹丸之地的小山村，有 300 多家中小书坊、30 多家较大的印书坊。四堡因此成为明清时期中国四大雕版印刷基地之一。

清咸丰、同治以后，随着石印、铅印技术的兴起，雕版印刷逐渐萎缩乃至退出历史舞台。值得庆幸的是，四堡为目前世界上唯一幸存且保存较为完整的雕版印刷文化遗址。“四堡书坊建筑群”于 2001 年 6 月被国务院列为全国重点文物保护单位。连城雕版印刷技艺于 2005 年 10 月被福建省人民政府列入第一批省级非物质文化遗产代表作名录，2008 年 6 月被国务院列入第二批国家级非物质文化遗产名录。2015 年，四堡镇被列为首批中国印刷博物馆福建印刷文化保护基地。目前，四堡雕版印刷工艺流程馆和四堡雕版印刷传习中心正在建设中，不日将对外开放。

雕版制作大致可以分为胚板制作、胚板书写、雕版制作、刷印、装订 5 个工艺流程。

四堡雕版印刷的书籍种类五花八门，内容无所不包，有近 10 大类 1000 余种。有儿童启蒙书《幼学故事琼林增补》《三字经》《增广贤文》《人家日用》；有服务举子应试的《行文资典》《考卷问珍》《增订古文精言》；有文人喜欢的《易经》《诗经》《论语》《孟子》等经史子集；有古代诗词及个人文集；有供人

四堡雕版印刷（吴德祥摄）

们日常娱乐消遣的小说、故事、戏剧；有日常应用读本、医药图书和堪舆、占卜、星算之类的图书；还有《金瓶梅》一类的禁书。种类之多，不一而足。

四堡雕版印刷术是我国雕版印刷术的杰出代表。它凝聚着制墨术、雕刻术、摹拓术等多种优秀的传统工艺，为后来的活字印刷术开了技术上的先河，是世界现代印刷术最古老的技术源头。它的出现对人类文化传播和文明交流提供了最便捷的条件，对社会文明的形成和推动起着举足轻重的作用，具有特殊的历史价值、文化研究价值和认识价值。

注：该文稿经罗道佺修改整理。

连城县省级非物质文化遗产项目

■ 连城县文化馆

一、闽西客家春耕习俗

闽西客家春耕习俗于2005年10月被福建省人民政府列入第一批省级非物质文化遗产代表作名录，连城县列入其中的是“犁春牛”。犁春牛习俗由中原传入，发端于明代中期，成熟于清，流行于民国，迄今大约已有500年的历史。每年立春前后，以家族或片为单位，群众自发组织活动，借以祈求国泰民安、风调雨顺、五谷丰登、六畜兴旺。

闽西客家春耕习俗（连城县文化馆供图）

犁春牛活动内容安排如是：先由锣鼓队开道，后跟着“风调雨顺”“国泰民安”吉利灯（由两名童男童女提），再就是牛童牵一匹健壮耕牛（饰以红绸布扎的花絮），后接犁田、送饭、钓鱼、挑柴、抬农具、读书、担牛草、挑谷子及抬松明火等二十余人组成的队伍。牵牛童和犁田者扮丑角，即兴表演，伴以“吽、吽”的喝牛声，卷袖、赤脚、戴斗笠。男的扎腰，女的系围裙。观众多时，表演者还要唱山歌助兴。由几队犁春牛组成大队。犁春牛队伍经过家门口时，群众在自家门前用鞭炮迎接，场面十分壮观。

犁春牛是连城县立春时节开展的具有浓厚农耕特色的闽西客家春耕民俗活动之一，以新泉、璧洲犁春牛为典型代表。

新泉犁春牛活动的主要器物有一条健壮的公牛、一副锣鼓、少许松光火把及火塘、木犁（耙）、蓑衣、斗笠等普通农家的生产生活用具。

新泉犁春牛活动的基本内容如下：

(1) 活动的组织

每年立春前后，一般以自然村或房族为单位，由群众自发组织活动。参加犁春牛的队伍，一般每支二十四五人，多则三四十人。

(2) 活动过程

犁春牛活动一般是在每年立春前一天开始，连续三个晚上。出游前，准备好各种化装道具，用红布缠在牛角上，中间扎朵大红花。出游时，大体按如下次序依次前行:由七人组成的锣鼓队开道;放鞭炮者（一般是房族中长者）随行，沿途点燃鞭炮；两名童男童女手提“风调雨顺”“国泰民安”吉利纸灯前导;牵牛童牵着头扎彩球、肩架牛轭、链拉木犁的健壮耕牛紧随,并扮演丑角，边走边跳；装有胡须、头戴斗笠、身披蓑衣的犁田手手扶犁把，扬鞭赶牛作犁地状，扶犁动作有正有斜，时走时跳；挑谷箩筐或挑饭桶和碗筷的农妇；手持锄头、铁匝，表演锄田动作的男女锄田者；演绎历史和神话故事的队伍和反映农村生活的渔、樵、医、商、读等不同职业的人士以及装饰华丽的“古事”(其中，渔夫背鱼篓，持鱼竿，做钓鱼动作；柴夫挑着一担干柴；郎中手提药包，包外写“四季平安”；商人身穿长衫，手拿算盘和账簿；书生身穿长衫，手拿书本，时走时看)。牵牛和掌犁者是这支队伍的核心人物：男的身缠腰带，口叼旱烟管；女的头戴凉笠，身系绣花围裙，边走边吆喝。化装成历史和神话人物的，要根据故事情节和人物特点表演一些动作。扮演挑柴的男女要一边走一边对唱山歌。

(3) 出游路线

犁春牛队伍先到开基祖祠焚香点烛，接着按事先商定的路线周游一圈，然后按大街小巷分别游三圈。当春牛游到农户门口、店门口时，主人都会燃放鞭炮表示迎接。按计划游完春牛后，整支队伍回到出发前集中点卸装，接

犁春牛（杨彬芳供图）

着由发起人组织在他家中吃夜宵、饮酒猜拳，席间边喝边谈新年大计，并互相沟通、互相祝福，常闹到三更半夜。

莒溪璧洲犁春牛是璧洲村立春节日盛会中的一项重要民俗活动。莒溪璧洲犁春牛与新泉犁春牛内容基本相似，所不同的是该活动由五色锣鼓开道，三色锣鼓压阵。一童男装扮成牧童牵着“水牛”(有一个人钻在里面架着竹篾搭架、纸糊纹毛的牛身)，加上数个扮演犁夫、锄夫、送饭人、钓鱼者、书生、挑柴夫的少年男女，表示渔、樵、耕、读业业兴旺，祈求风调雨顺、国泰民安等。前、后、中间有松光火把照明，表示火红。

二、连城宣纸制作技艺

2008 年 6 月，连城宣纸制作工艺被福建省人民政府列入第二批省级非物质文化遗产名录。宣纸是我国传统手工纸的一种，素有“纸寿千年”之称，历来为国内外书画家所钟爱和收藏。它洁白如玉，厚薄均匀，永不变色，防虫耐热，着墨鲜明，吸水易干，书写、图画均宜。因其表面细腻，吸水性强，主要用于书写印稿、拓边款、钤印、古籍修复及书画创作，是官员、文人墨客间相互馈赠的贵重礼品。

连城宣纸制作工艺（连城县文化馆供图）

历史上，连城生产的宣纸闻名遐迩，远销

连城宣纸制作（捞纸）（周宗胜摄）

东南沿海、潮汕及东南亚。因姑田和莒溪等地盛产毛竹，且造纸工艺纯熟、发达，使其因各类纸张的制造和贩运而富甲一方,这便是“金姑田、银莒溪”美誉的由来。据传，大致在明崇祯年间，连城宣纸在姑田诞生。随后，姑田所在的村庄及莒溪、曲溪等乡镇也开始大量生产，开创了连城宣纸等纸张大量生产的历史。连城宣纸制作工艺传承至今近 400 年。

随着明代后期连城竹丝天然漂白工艺制浆法的成熟以及与其他毛边纸、玉扣纸等竹纸捞纸法不同的连城捞纸法的利用，连城宣纸成为明清纸中珍品而闻名遐迩。

连城宣纸的制作包括青丝生产、蒸煮黄坯、天然漂白、造纸等四道工序。其工艺独特特征表现在：

(1) 所有制作工序全由手工完成。

(2) 竹丝天然漂白，不使用漂白剂。阳光中的紫外线和氧气对纸料的自然漂白作用是制作工序中的关键一环。

(3) 原料加工大都采用日晒、雨淋、露炼等方法，自然天成，没有具体的理化指标，全凭经验掌握。

三、连城拳

2009 年 5 月，连城拳被福建省人民政府公布为第三批省级非物质文化遗产。

连城拳是全国知名拳种、全省七大拳种之一。连城拳流传于连城县全境及上杭、长汀、清流、宁化、永安、明溪、沙县等周边地区，民国初期还传播到马来西亚、新加坡、泰国等地，深受国内外武术界同行赞誉。

连城县是全国武术之乡，练拳习武历史悠久。据《连城县志》记载，连

连城拳（连城县文化馆供图）

城拳自宋代起就广为传播。在漫长的拳法演变过程中，该拳受到南方民风、地域环境等因素及其他武术流派的影响，故南北武术之长兼而有之。它以急促凌厉、舒展大方见长，擅用短劲，以防为主，以静制动；动作以斜身（侧身）为主，身灵步活。一如其拳诀要求“进退如风，来去无影”“守吞三分，进退三尺”“起脚不过腰”。多勾拨腿法，技击时往往以脚勾拨对手后跟，再以快速密集的手法攻击，使对手防不胜防。

清代中叶以后，连城拳融入舞狮表演。正月前后，舞狮队走家串户进行舞狮表演的时候，连城拳也伴随舞狮队进行武术表演。这种风俗意在驱赶邪魔歪气。舞狮武术表演从入年关开始，至农历二月结束。

连城拳内容丰富，系统完整，有拳术、器械、对练等几十个套路。拳术套路有单勾、四门拳、蛤蟆泅水、捆手、老虎伸腰、心安拳、老花拳等；器械套路以棍为主，有大阵棍、老棍、大峰棍、赶狗棍等，另外还有大刀、双刀、山字耙、铁尺、勾连枪、凳术等；对练套路有对练拳、对练棍、棍对耙、棍对勾连枪、棍对大刀、棍对凳、棍对铁尺等。连城拳的相关器械有棍、双刀、耙头（山字耙）、铁尺、勾连枪、锏、双剑、七星耙、凳、盾牌等。连城拳拳法中手型手法有平拳、姜拳、柳叶掌、勾、指等。步型步法有弓步、马步、虚步、扑步、跪步、单蝶步、盖步、叉步、跃步、垫步、击步等。

连城拳的特征主要有：

(1) 以静待动，后发制人。连城拳主张以静待动，不轻易出手，认为动则气浮，静则神定，必须让对方先动手，然后伺机反击，即在对方旧力已过、新力未来之时进行反击最易取胜，方法有守中攻、躲闪攻等。

(2) 防守严密，短打为主。连城拳讲究自保，防守意识强，可以说是招

连城拳表演（吴健衡摄）

招设防，步步思守。其防守动作无论格、封、拦、截均讲究抖劲，制动性很强。防守均系一发即收，利用身体的闪躯、吞挺和两手的防守，最忌动作大、门户空，认为无守无攻，守为攻上，先守后攻，攻则兼守，做到守时思攻敌，攻中顾守擒。进攻时拳势猛烈，手随足行，快速力猛，挨身肘发，近身短打。

(3) 手法丰富，周身似手。连城拳在演练中除讲究手脚并用外，头、肩、肘、胯、膝等部位也可攻可守，变化多端，故曰“七臂”并用。其进攻方法颇多，有头击、肩撞、肘靠、胯挤、膝顶、拳打、脚踢等法，其架式沉宏，以中下盘为主，身拙步健，运手莫测。

(4) 击打精准，善攻要害。连城拳在实战中注重攻击对方的腋部、心、腹及两胁、下裆等要害处，以求达到一招制敌的效果。

四、连城提线木偶戏

2009 年 5 月，连城提线木偶戏被福建省人民政府列入第三批省级非物质文化遗产名录。连城提线木偶戏，也称“傀儡戏”，融合了浙江、江西的提线技法，结合连城当地流传的唱腔和民间小调，经过 100 多年几代木偶艺人的改革创新，形成了以提线为主，杖头、布袋、皮影为辅，闽西汉剧唱腔的独具特色的木偶艺术剧种，深受广大群众的喜爱。

提线木偶戏（连城县文化馆供图）

连城提线木偶戏的发展可分三个阶段：

(1) 传入：清光绪二十四年（1898），上杭县木偶戏班社艺人李如意与连城县赖源人徐象球艺趣相投，结拜金兰，并将二子李金铃过继给徐象球，易名徐传华。他们一起在赖源乡创办“老福星堂”木偶戏班，徐象球任班主，李如意为师傅，培养了本乡弟子三十余人。自此，提线木偶艺术流入连城。

(2) 发展：1930 年，创办汀连老福星木偶班社。1952 年，组建连城姑田木偶剧社。1954 年，创作并演出传统剧目《大名府》。1955 年正月，剧社的徐传华被选派晋京，到怀仁堂为朱德委员长、周恩来总理等国家领导人演出。同年 9 月，他被文化部选派参加国家出访团赴波兰、捷克斯洛伐克、苏联等国家做访问演出。1956 年 3 月，正式成立连城县木偶剧团，“文革”时中止活动。

(3) 创新：1978 年 4 月，剧团复办，仍由木偶艺术大师徐传华任团长；同年，徐传华收木偶艺术表演新秀李明卿为闭门弟子。之后，李明卿在全面继承传统木偶技艺的基础上，独创了“木偶书法”“木偶绘画”“木偶拉京胡”等绝技。其曾为国家领导人江泽民做过“木偶书法”专场表演；参加过文化部、省文化厅等访问团赴新加坡、印度尼西亚、西班牙、葡萄牙、瑞典、挪威、丹麦等国家以及中国香港、澳门、台湾等地区演出；获得了上海吉尼斯总部授予的吉尼斯“世界之最”证书；被评为 2008 年奥运火炬手；参加过上海世博会。

连城提线木偶戏的风格和特色与众不同，表现在如下几个方面：

(1) 剧目方面数量多、题材广、特色强

共有 350 个，其中传本戏有 80 个，正本戏有 200 个，折子戏有 70 个。

剧目反映的内容从古到今，从天堂到地府，从现实生活到神话传说，涉及社会各个方面。有反映社会重大变革和封建王朝改朝换代的剧目，如《三国传》《隋唐传》等；有反映男女爱恋、婚姻、家庭和社会伦理道德的剧目，如《兰继子》《王华买父》等；有神话题材的剧目，如《水漫金山》《琉璃洞》等。剧团通过上述题材塑造了各种各样的人物，深刻揭示了人们丰富的思想内涵，体现了社会生活中美与丑、善与恶的斗争，歌颂了善与美，鞭挞了邪恶现象。使用方言俚语，乡土意蕴浓厚，被誉为“戏神”和“田公元帅”的木偶祖师爷“王乞佬”，到哪儿都能讲一口流利的当地方言，通俗易懂。其唱词不太讲究押韵，却像说话一样娓娓道来。

提线木偶戏表演（连城县文联供图）

（2）音乐方面

连城客家木偶戏音乐吸收了民间音乐的元素，并不断衍化、发展，形成了独具连城地方特色的乱弹剧种。它由唱高腔演化而来，又在乱弹中干唱加帮腔、锣鼓，是有别于闽西汉剧的一种唱法。与闽西汉剧相比较，它还有以下三个特点：

首先，在行腔和唱法上比较简朴而低回，唱腔旋律多在中、低音区进行，落音和顿逗也有不同。因此，连城木偶戏乱弹班艺人唱西皮、二黄有一种不同于闽西汉剧的特殊韵味，被称为“傀儡腔”。

其次，演员均为男性，扮演旦角时男性须用假嗓演唱，为体现女声的娇柔而常加衬词，在行腔上常做下滑音装饰。

最后，在伴奏乐器的使用上，文场乐器除吊规和唢呐为各班必备必用外，其他乐器如扬琴、三弦、高胡、二胡等，可因各戏班规模大小而有所不同。

(3) 表演方面

一是扣线，又称夹线。木偶被提到前台表演时，艺人一手持线板，另一手叉开五指将线条从悬结处顺着线路往下捋，捋至 1.2 ～ 1.5 尺处，将线条暂时固定在持线板的线夹上，以暂时固定木偶各种不同的姿势，如行走式、站立式等。

二是熟悉各线条的位置及其功能。如钉在偶人耳朵上的两条命线，是属于提系木偶全身、司头部的。

三是指法。偶人各种形体表演动作靠的是艺人手上拨弄线条的功夫。如用抖指法夹住某条或几条线反复抖动以体现偶人的寒冷或害怕状等。有的戏班因人手少或戏台场地太小，人多转不过来，有些场面由一个艺人同时操作几个木偶。

此外，借助特殊装置可表演喷火、变脸、抽烟、射箭、耍葫芦、换兵器、写字、画画、拉琴等。

(4) 木偶书法

李明卿是木偶大师徐传华的闭门弟子，他在继承传统木偶技艺的基础上，独创了木偶书法绝技。木偶书法绝技必须掌握提线功和书法功，利用人的手指、手腕书写的力度，通过几根细软线，传到木偶的手指、手腕上，使木偶书写挥洒自如。他被当代国际新闻媒体和艺术界同行公认为世界首创神州一绝，2000 年上海吉尼斯总部授予其木偶书法“世界之最”证书，列入吉尼斯世界纪录。

五、连城地瓜干制作技艺

2009 年 5 月，连城地瓜干制作技艺被福建省人民政府列入第三批省级非物质文化遗产名录。连城地瓜干为红心地瓜干，又名“金薯片”，因久负盛名而位居“闽西八大干”之首。

连城红心地瓜干有近 400 年的发展历史。早在清代，连城从事地瓜干制作的家庭作坊就已达到数千户，产品销往大江南北。其时，连城红心地瓜干正式成为朝廷贡品，连城从此成为闻名遐迩的“红心地瓜干之乡”。连城红心地瓜干是精心挑选连城城关等周边乡镇培植的红心地瓜加工而成。其保健优势明显，口感独特，颇受人们喜爱，获得很多荣誉称号：

2001 年，连城县被农业部授予“中国红心地瓜干之乡”称号。

2007 年 12 月 26 日，原国家质检总局批准对“连城红心地瓜干”实施地理标志产品保护。

连城地瓜干制作技艺（连城县文化馆供图）

2011 年，连城红心地瓜干进入全国农产品区域公用品牌百强，荣获消费者最喜爱的中国农产品区域公用品牌称号。

2012 年，连城红心地瓜干获评最具影响力的中国农产品区域品牌，持续排在全国农产品薯业品牌首位。

2014 年 11 月 19 日，在福建省“首届十佳地理标志商标”评选结果中，连城红心地瓜干在全省近 300 个地理标志中脱颖而出，名列十佳第三位，这也是龙岩唯一获此殊荣的地理标志商标。

2017 年，在第 15 届中国国际农产品交易会“我为家乡农产品代言”大型公益活动上，连城红心地瓜干品牌被农交会组委会授予“2017 中国百强农产品区域公用品牌”称号。此外,连城县还成功创建“全国绿色食品原料（甘薯）标准化生产基地”。

连城红心地瓜干制作工艺要求高，流程烦琐复杂：

（1）选薯、清洗：选择 200 ～ 250 克重、长约 15 厘米、椭圆形的红心薯块，用流水清洗干净，以不留泥土气味为准。清洗过程中，需清除薯面的所有杂质(包括病眼、虫斑、须根等)。

（2）蒸煮：将洗过的薯块放在蒸锅内用高温蒸熟。

（3）刮皮：趁热用薄竹片将熟薯皮刮净。

（4）初烤：已刮过皮的薯块宜趁热烘烤，以免变色。一般烤到薯块不粘手为宜。

连城地瓜干加工场景（江仁福供图）

(5) 成型重烤：将初烤熟薯对半剖开，将熟薯用纱布包起，用木板压平，呈长方块形状，然后取出抹平。这样成品就无龟裂而平滑，能达到传统的正品规格要求。然后直接送入烤橱内烘烤，温度保持在 60 ~ 70℃，以防止其发焦龟裂，烤至七成干时即可。这时可修剪薯块头尾纤维部分，使成品形状规格一致。

(6) 轻烤：将重烤、整形后的熟薯干放在较低温度的烤橱内，温度保持在 40 ~ 50℃，使之继续干燥到成品坚硬为止，一般需 8 小时左右。烘烤过程中要经常将上下烤盘互相调换位置，使干燥速度一致，便于一起出炉。

连城红心地瓜干工艺特征：一是所有制作工序全由手工完成；二是不添加任何色素，保持天然色泽和品质；三是原料加工大都采用蒸煮、热烤等方法，自然天成，没有具体的理化指标，三次热烤温度控制全凭经验掌握。

连城红心地瓜干产品特征为：颜色黄中透红，呈现固有的鲜艳橘红色，色泽和品质保持天然，味道清香甜美，具有甘薯特有的浓郁的香甜味；质地柔软细腻耐嚼，有很好的韧性，口感极佳；经久耐储，长时间储存后品质不会迅速恶化，能保持原有的色香味；富含膳食纤维、赖氨酸、粗蛋白、胡萝卜素、维生素等多种营养成分，可当茶点、零食、酒席佐菜。

连城红心地瓜干的主要品种有原片形、地瓜仔形、地瓜条形等。连城红心地瓜干营养丰富，是上好的低脂肪、低热能绿色食品。味甘性平，具有和血补中、润肠通便、益气生津、防癌抗癌等营养作用和药用功能，是上乘的纯天然休闲保健食品，具有广阔的市场前景和潜在的经济价值。

六、四堡锡器制作技艺

四堡锡器制作技艺于 2009 年 5 月被福建省人民政府公布为第三批省级非物质文化遗产。据传，四堡锡器制作技艺最初是南宋末年从浙江引进的，至今传承达 700 余年。四堡锡器历史悠久，工艺繁杂，制作精美，品种繁多。

四堡锡器制作技艺（连城县文化馆供图）

四堡锡器品种很多，既具有审美价值，又具有实用价值，可分为实用和工艺两大类。锡是一种质地很软的金属元素，熔点较低（仅 300℃），可塑性很强。锡的可塑性、耐久性决定了它可以有多种表面处理工艺，能制成不同类型、样式、规格的锡制日用品、工艺品。由于其所表现出的高贵、典雅、柔润的质感和璀璨的光彩，锡器历来为名家所珍爱和收藏。

明万历年间，枧头村打锡师傅吴一龙为皇宫打造的锡龙极为逼真，在水中如活龙一般，吴一龙被万历皇帝赞誉为“锡状元”。吴一龙精湛的打锡技艺使四堡打锡业大盛，能工巧匠辈出，四堡因此成为福建有名的锡器之乡。打制锡器亦成了四堡不少人的谋生手段。到了清代中叶，四堡的打锡匠多达 500 余人。在 20 世纪，四堡乡仍有近百位打锡人，经营于闽赣两省。改革开放以来，随着现代机械制作工艺的兴起和传统习俗的改变，锡制用具渐渐被陶瓷、塑料或不锈钢用具取代，四堡锡器制作工艺处于濒危境地。

四堡锡器制作技艺流程大致有四道工序：溶解与压片；裁料、制胚、倒模与焊接；打磨与抛光；雕花、刻字与装饰等。

四堡锡器的工艺特征为：一是所有制作工序全由手工完成，包括抛光，也是由自制的“土轱辘”完成；二是必须掌握一些特殊的技能，如锡焊，必须练就过硬的焊功；又如雕刻图案与刻字，必须具有一定的美术功底。

四堡锡器制作（连城县文体旅游局供图）

四堡锡器的产品特征为：锡制品具有较好的保鲜作用，用以贮藏茶叶、药材，色味经久不变。锡制酒具盛酒冬暖夏凉，醇厚清冽；锡制花瓶插花，水质鲜活，有延长花期不易干枯的特殊功能。另外，锡器还有很好的保温性能。

四堡锡器制作技艺作为一种重要的文化载体，为客家文化和客家文明的延续发挥了巨大的作用。作为客家文明的见证，通过它不仅可以深入研究客家人的发源与发展、客家人的民风民俗，而且可以研究明清时期的商品经济。作为一种美术工艺，尤其是在制作技艺的雕花、刻字与装饰阶段，四堡锡器表现出了极高的雕刻工艺水平，具有相当高的工艺美术价值。

注：该文稿经罗道佺修改整理。

连城县市级非物质文化遗产项目

▪ 连城县文化馆

序号	类别	名称	批次	公布时间
1	民俗	连城游公太	第四批	2011 年 12 月
2	民俗	红龙缠柱	第五批	2015 年 11 月
3	民间文学	《眼前便用》四字读本	第六批	2018 年 6 月
4	传统体育、游艺与杂技	连城舞狮（青狮）	第六批	2018 年 6 月
5	传统技艺	连城兰花培植技艺	第六批	2018 年 6 月
6	传统技艺	客家“九厅十八井”建筑营造技艺	第六批	2018 年 6 月
7	传统技艺	客家廊桥营造技艺	第六批	2018 年 6 月
8	传统技艺	皮鼓制作技艺	第六批	2018 年 6 月
9	传统技艺	连城木结构建筑技艺	第六批	2018 年 6 月
10	传统技艺	吊制族谱图制作技艺	第六批	2018 年 6 月
11	传统技艺	四堡银器制作技艺	第六批	2018 年 6 月
12	传统技艺	宣和米冻制作技艺	第六批	2018 年 6 月
13	传统技艺	新泉豆腐制作技艺	第六批	2018 年 6 月
14	传统技艺	哽心丸制作技艺	第六批	2018 年 6 月
15	传统技艺	金包银制作技艺	第六批	2018 年 6 月
16	传统技艺	珍珠丸制作技艺	第六批	2018 年 6 月
17	传统技艺	九门头制作技艺	第六批	2018 年 6 月
18	传统医药	连城白鸭药膳	第六批	2018 年 6 月
19	民俗	北团游大粽	第六批	2018 年 6 月
20	民俗	璧洲“二月二”游灯笼	第六批	2018 年 6 月
21	民俗	四堡服饰	第六批	2018 年 6 月
22	民俗	连城冠豸山书院文化	第六批	2018 年 6 月
23	民俗	连城莒溪“出初六”	第六批	2018 年 6 月

注：该文稿经罗道佺修改整理。

山水名胜篇

世界 A 级自然保护区——梅花山

▪ 连城县文化体育和旅游局

梅花山俯瞰（陈开华摄）

世界 A 级、国家级自然保护区梅花山是福建省重要的原始森林区。位于连城、上杭、新罗交界地带，东西宽 20 公里，南北长 19 公里，总面积 2.2 万公顷，其中，连城境内面积占总面积一半以上。

梅花山是福建三大水系闽江、汀江、九龙江的发源地，被称为“八闽母亲山”。

梅花山层林叠翠、绿海无边，属于闽西南地区形成的一个独立完整的大断块的核心地带，犹如一颗绿色明珠镶嵌在北回归线上，被专家、学者誉为“北回归线上的绿色翡翠”。

梅花山是闽西生物多样性最为丰富的地区，蕴藏着极为丰富的野生动植

莒溪大岭头梅花山山门夕景（陈道庆摄）

物资源，有生物资源基因库的美称。有亚热带常绿阔叶林、针叶林、竹林、针阔竹混交林、亚热带山地灌木丛、草丛等 11 个植被类型 63 个植物群系。区内植物种类仅维管束植物有 184 科 734 属 1628 种，其中属国家重点保护区的有观光木、福建柏、钟萼木、伞花木等 23 种，珍稀植物 60 余种。梅花山蕴藏栖息着丰富的野生动物，有陆栖野生动物 362 种，兽类 6 目 20 科 66 种，鸟类 17 目 40 科 198 种，爬行类 3 目 10 科 40 属 69 种，两栖类 2 目 8 科 29 种，鱼类 5 目 14 科 51 属 65 种，贝类 4 目 15 科 27 种，浮游动物 9 目 32 科 170 种，昆虫 20 目 150 余科 2000 余种，大型真菌 116 种。其中被列为国家重点保护的有华南虎、金钱豹、云豹、金猫、黑鹿、梅花鹿等 42 种珍稀动物和金斑啄凤蝶、詹彩臂金龟等珍稀昆虫。

梅花山是华南虎的故乡。1990 年，我国和世界野生动物基金会合作，在闽、粤、湘、赣四省开展华南虎资源调查，在梅花山调查时取得重大突破，以确切的证据和事实证实华南虎仍在梅花山生存繁衍，受到国内外专家的肯定和关注。世界野生动物基金会专家称梅花山是“华南虎现存数量最多、活动最频繁的区域”。梅花山还被认为是华南虎最理想的栖息地。

梅花山是闽西地区良好的生态源。由于森林茂密，地表覆盖良好，是闽西重要的水源涵养地。据测算，每年可涵蓄降水 20933.3 万立方米，每年释放氧气 4.3 万吨，集落粉尘 50 多万吨。因此，可以把梅花山看成是闽西地区一个巨型的空气净化器和新鲜空气制造厂。

梅花山由于山体高大及所处的特定地理位置，形成了典型的亚热带湿润山地气候。因离海洋较近，常受到东南海洋暖湿气流的影响，加上西北和东南有武夷山脉和博平岭做天然屏障，对寒流南下和海洋暖湿气候入侵起阻挡和截留作用，形成龙岩中心城市冬暖夏凉，气温、湿度较为稳定的特点。梅花山还有“闽西天然空调”之称。

梅花山气候宜人，四季常青。由于独特的地质、地貌、植被、气候等地理因素，形成多层次、多类型的自然旅游资源。梅花山又称梅花十八峒，闽西民谣称：“梅花十八峒，峒峒十八里，里里十八厅，厅厅十八景。”恰到好处地点出了这里的奇特景观。梅花山奇峰耸峙，平均海拔900米以上，千米以上高峰300余座，主峰石门山位于连城莒溪镇，海拔1811米，是闽西第一高峰，俗称“狗子脑”。

狗子脑（宏江影视传媒供图）

梅花山风光（陈开华摄）

厦地村九瀑联珠（陈道庆摄）

附文：

三江源

刘文波

闽江、汀江、九龙江是我省三大河流，而三江的共源点在我县的将军山。将军山在世界A级自然保护区梅花山的腹地，位于曲溪乡的冯地村、罗胜村、白石村、大东溪村的接合部，为玳帽山脉的山峰，是连城境内第二高峰，海拔1665米，水流经姑田溪流入闽江，经朋口溪流入汀江，经蒲竹溪流入九龙江，于福州、潮州、漳州注入大海。因此将军山被称为三江源的发祥地。

姑田溪是县境东部的主要溪流，属闽江水系上游支流。它发源于曲溪乡黄胜地东南部的罗胜，中间有28条支流汇入。溪水向东北流入沙溪，经永安、三明、沙县、南平入闽江，至福州注入东海。在县境内的闽江水系还有文川溪、北团溪和赖源溪。

朋口—新泉溪是县境内最大的溪流，属汀江水系，是与姑田溪、蒲竹溪同源而流向各异的三溪之一，出县境经上杭矶头凹入旧县河，注入汀江。原是境内唯一可通航的溪流，清代以前是县内进出口物贵的主要水上通道。境内属于汀江水系的还有莒溪溪和庙前溪。

九龙江之源碑（刘文波供图）

蒲竹溪属于九龙江水系。

它发源于曲溪乡冯地村东南部方向将军山下，沿岸有20余条小山涧汇入，经梅花十八洞腹地莒溪大灌，向南流至百金山折向东流，再经龙岩万安至漳平入九龙江，从漳州出厦门入海。2003年秋，厦门晚报社、厦门市环保局、漳州市环保局、龙岩市环保局、连城县人民政府联合在冯地村树立“九龙江之源”的石碑。

罗胜杉木王（吴健衡摄）

将军山拥有2万余亩的竹林和大片原始森林，竹、木、水利资源极为丰富。在清朝中后期和民国初期，这里的人民就根据溪流选择地形建水碓、纸寮，作为生产手工纸场所。这一带山村曾经有过400多个生产手工纸的纸槽，所生产的纸不仅供应潮汕等地，还远销东南亚。当时造纸原料便是毛竹，丰富的竹林为造纸业提供了源源不断的资源，促进了纸业的生产和发展，纸业成为这里的经济命脉。另外，大片的原始森林中贮藏着千万立方米的原始林木，当时的山区农民就是利用充分的溪流水资源，伐木装排，通过水上流放到潮州、福州销售。当时的木桐像金子一样值钱，被誉为“金桐”。这些自然资源为繁荣当时的山村经济起到了不可估量的作用。

将军山是动植物基因宝库，也是一个发展旅游事业和科学考察的好地方。在这片林区里，植物分布种类多样，据考察有30多个群系。有大面积的天然杉木林，有成片的红豆杉林、长苞铁杉林、南方铁杉等国家一、二级保护树种等几十种植物。曲溪乡罗胜村有全国第二大的杉木王，树高34米，直径1.9米，立木材积39.8 m3；冯地村千年的南方油杉是南方八省独一无二的古老大油杉。

将军山杜鹃（刘文波供图）

冯地红豆杉（刘文波供图）

动物种类繁多，有金钱豹、梅花鹿、山羊、蟒蛇、猿猴、穿山甲、竹鸡、锦鸡等不少飞禽走兽。

将军山为玳瑁山脉的山峰，仅闻其名，便顿生雄浑之气；登临其顶，则令人豪情满怀。放眼四方，只见周围苍龙奔放，溪谷纵横，车道盘旋，人村隐约。偶见杜鹃花开，将军山又成了绚烂艳丽的花的海洋，令人流连忘返。

国家 AAAA 级旅游景区——冠豸山风景名胜区

▪ 冠豸山风景区管委会

国家重点风景名胜区、首批中国 AAAA 级旅游景区冠豸山总面积 123 平方千米，包括冠豸山、石门湖、竹安寨、九龙湖、旗石寨五大景区。

冠豸山与武夷山同属丹霞地貌，被誉为“北夷南豸，丹霞双绝”，是中国丹霞地貌文化品牌之一。通过几年的保护与开发，冠豸山已成为海内外游客来连城的首选目的地，知名度逐渐彰显。

国家重点风景名胜区（冠豸山风景区管委会供图）

冠豸山的建设与发展得到了社会各界的肯定，景区所获荣誉有“国家重点风景名胜区”“国家自然遗产”“国家 AAAA 级旅游景区”“国家地质公园”“中国最美地质公园”“全国科普教育基地”，还分别被携程网和驴妈妈

国家地质公园（冠豸山风景区管委会供图）

网评为“最佳用户满意度景区”“年度最受欢迎山水景区”。可以看出，冠豸山景区有极好的声誉，受到游客和专业人员的普遍赞美。

国家 AAAA 级旅游景区
（冠豸山风景区管委会供图）

国家自然遗产
（冠豸山风景区管委会供图）

冠豸山距离县城 1.5 千米，平地兀立，不连冈自高，不托势自远。冠豸山因其主峰形似古代监察御史官帽“獬豸冠”而得名，寓意公正廉明。相传獬豸为古时的一种神兽，能辨曲直，遇恶人则以角触之。用这种神兽来为这座山命名，正好符合连城人民刚直不阿的性格特点，又满足民众对公正廉明盛世的祈盼。

冠豸山美景情趣盎然。闽江、九龙江和汀江三大江发源地之一的冠豸山，被誉为三江“上游第一观”。山中滴珠岩上保存有清乾隆年间翰林朱阳镌刻的“上游第一观”五个大字，成为冠豸山美景最有力的证明。

冠豸晨曦（冠豸山风景区管委会供图）

冠豸山千峰耸峙，深谷幽泉，形成许多悬崖绝壁、峡谷险道。经世代风吹雨打，景区内的不少山峦犹如盘踞着的动物，栩栩如生。

冠豸山长寿亭（冠豸山风景区管委会供图）

冠豸山鳄鱼背（冠豸山风景区管委会供图）

九龙湖玉蚌宫（连城县文体旅游局供图）

冠豸山兼具阳刚之气和阴柔之韵，“生命之根”与“生命之门”遥相呼应是最典型的一例。山谷中傲然直立起阳刚，湖面上柔波掩映着娇羞，这天造地设的一对是否内蕴着大地与人类血脉相连，自然和社会气息相通之意？

冠豸山生命之根（冠豸山风景区管委会供图）

石门湖生命之门（宏江影视传媒供图）

冠豸山文化品位厚重，客家底色浓厚。书院久远，自南宋始，不少文人雅士纷纷在山上结庐倡学，山上曾建有二丘书院、樵唱山房、东山草堂、修竹书院、五贤书院、仰止亭等多座书院；石刻众多，摩崖石刻有 40 余处，翰墨手迹有 100 多处。不经意间，又能巧遇客家人魂牵故土的景致——回望中原，显露了客家人崇文重教、报本追远的情怀。

冠豸山二丘书院（吴健衡摄）

冠豸山修竹书院（吴健衡摄）

冠豸山上游第一观（吴健衡摄）

回望中原（陈雪招摄）

石门湖如一块翡翠，镶嵌在冠豸山的险峰奇谷中。湖水清幽，湖上风景如画。一个个活灵活现的水面奇观，就在前行中缓缓入眼而来，一景接一景，一画连一画，让游客亲历“人在画中游”的惬意旅程。

石门湖（吴彬摄）

石门湖荡舟
（连城县文体旅游局供图）

石门湖杜鹃红（连城县文体旅游局供图）

竹安寨是一个壁立森严、固若金汤的雄关古寨，是历史上重要的军事营寨。地名寓竹报平安之意。景区的高密度石墙群、十分狭窄的流水侵蚀峡谷，为中国丹霞地貌所罕见。穿行于竹安寨景区，“险、奇、壮观”三绝奇景世间罕见，叹为观止。景区“险”在摩天岭，沿陡峭山脊开凿的三百六十五级狭窄石阶天梯，直插云霄，两侧是深涧绝壁，惊险异常，仰望摩天岭，有直插云霄，与天比高的气势；景区“奇”在寿星石，竹安寨东北侧，有一座山，山形酷似一老者，眼、鼻、眉、须栩栩如生，天工造物，造就一处老寿星奇景，堪称天下第一；景区的“壮观”则在天墙，这堵形似端整墙壁的岩石，长约 300 米，高约 70 米，墙顶端宽约 10 米，具有非凡的气势。它是丹霞地貌中最具特色的石墙景观，被称为“中国丹霞第一墙”。

竹安寨摩天岭
（县文体旅游局供图）

竹安寨寿星岩
（宏江影视传媒供图）

竹安寨天墙
（县文联供图）

竹安寨景区相毗邻的九龙湖景区，有湖中“玉女”之称。幽秘的九龙湖，水面 1200 余亩，纵深 24 千米。山不转水转，其间耸立的丹崖、幽深的峡谷、苍翠的植被、原生态的景观，令人如痴如醉。内水道弯弯曲曲，曲径通幽，山回水转，如水上迷宫；蜿蜒交错的溪流，盘旋在崇崖峻岭之间，犹如一条腾跃欲飞的巨龙。

随着风景区索道和玻璃栈道的建成，在空中就可纵览冠豸山奇妙的丹霞世界，体验网红高空 3D 玻璃栈道的刺激。

九龙湖大回环图（县文体旅游局供图）

国家 AAAA 级旅游景区——天一温泉旅游区

▪ 天一温泉度假村有限公司

天一温泉旅游区全景（天一温泉度假村有限公司供图）

一、景区概况

天一温泉旅游区地处被称为“中国温泉之城”“中国客家硒都”及森林覆盖率全国名列前茅、负氧离子丰富的“天然氧吧”——龙岩市连城县，已荣膺国家 AAAA 级旅游景区、五星级温泉企业、五星级旅游饭店、金叶级绿色饭店等称号，是集温泉度假、健康养生、休闲娱乐、餐饮住宿、拓

AAAA

根据中华人民共和国国家标准《旅游景区质量等级的划分与评定》（GB/T17775-2003），经福建省（自治区、直辖市）旅游景区质量等级评定机构初评并推荐，全国旅游景区质量等级评定委员会评定

连城天一温泉旅游区

为国家AAAA级旅游景区，特发此证。

全国旅游景区质量等级评定委员会

二〇一二年一月九日

国家 AAAA 级旅游景区（吴丽娟供图）

天一温泉旅游区夜景（天一温泉度假村有限公司供图）

展研学、文体露营及旅游地产于一体的康养旅居度假综合体。景区由温泉酒店、精品酒店、特色酒店、温泉公园区、体育公园、露营公园、独立式度假房屋区、度假公寓区、健康疗养中心、游客集散中心、综合拓展基地等分区组成。

二、景区特点

天一温泉旅游区拥有珍稀医疗级温泉资源。经权威机构多次检测，景区温泉水富含多种微量元素，水量丰富，日出水量可达 3000 余吨，水温高达 69.5℃，矿物质含量高达每公升 32 毫克，pH 酸碱度为 8.06，为重碳酸钠型低矿化、弱碱性、高氟、高偏硅酸医疗热矿水。其中氟、硅含量达到了氟水和硅水医疗热矿水的命名浓度，对人体有保健作用。

景区有以客家文化元素为主题的大型半露天温泉公园。此公园有香熏、酒韵、鱼疗、中草药、温泉石板等各式泡汤疗法，能解除游客的商旅疲劳，舒缓身心。另外还配套有健身房、水疗 SPA 馆、游泳池、冲浪池、漂流河、私密温泉汤屋、儿童丛林拓展、轮胎主题公园、风味美食餐厅等项目。园区亭台楼阁的青砖灰瓦、飞檐翘首、雕龙画栋，彰显浓郁客家风情。唐宫是仿唐代宫殿形式建造，设有数个造型各异的温泉池，雄伟典雅的木质结构、古朴高雅的盛唐风格，让游客仿佛回到盛唐时期贵妃沐浴时的温馨和浪漫；浴德楼、天一池、茶浴是以天然的生态植物为原料，秉承中国几千年的文化内

天一温泉（冠豸山风景区管委会供图）

涵建造的中药配方沐浴区；“五福汤”以中华传统美德为主题，细腻地展现了客家精神文化，区内设有多个因加入各种养生材料而名目不一的温泉池。露天温泉、半露天温泉及室内温泉 SPA 馆，辉映在滟滟池面、幽幽翠竹、森森古木、潺潺流水之中。景区内曲径通幽、鸟语花香，适于缓解疲劳、放松身心，让游客在幽静的空间内寻找那份难得的休闲与灵感。“豸峰为连邑胜迹，地丘为汤天一合”，自然与人是一种风景，也是一种境界；“泉隐于山中，人浴于汤中”，让游客洗除凡尘，感受民俗风情，体验客家文化，采天地之灵气，聚泉中之精华，更是一种世外桃源的脱俗境界。

国家地质公园——赖源溶洞

▪ 冠豸山风景区管委会

赖源溶洞 1（冠豸山风景区管委会供图）

赖源溶洞是冠豸山国家地质公园的一部分。

冠豸山国家地质公园分为两个园区——冠豸山园区和赖源园区，总面积为 104.67 平方公里。冠豸山园区内主要为丹霞地貌景观，密集的丹霞石墙、峡谷群、单面山峰丛和崖壁竖向沟槽极为发育，尤其是竹安寨景区的高密度石墙群、十分狭窄的流水侵蚀峡谷，为中国丹霞地貌所罕见。

赖源园区则是喀斯特地貌石灰岩溶洞群，也是省内海拔最高的溶洞群，溶洞曲折幽长，洞内地下河流水潺潺，晶莹剔透、五彩缤纷的石钟乳、石笋、石柱、石瀑布、石盾、石花、鹅管、边石坝、钙化池琳琅满目，具有极高的观赏价值。

赖源溶洞群位于福建省连城县赖源乡上村。在近二平方公里的石灰岩山丘中有大大小小十三个洞，著名的有仙云洞、幽琴洞、石燕洞，是华东现已发现的规模最大的溶洞群，被誉为“华东第一溶洞群”。这里的溶洞有大量形状各一的钟乳石，洞中有洞，盘旋曲折，奇景环生，令人宛若身置迷宫。

仙云洞盘踞山腰，因一年四季都有腾腾云雾从洞中涌出而得名。洞口常年云雾弥漫，当地人称之为“出气洞”。

幽琴洞离仙云洞仅一里之遥，因洞中泉水潺流于石缝之间，音韵幽幽而得名。洞内甘泉从岩缝喷涌汇集成河，泉声叮咚，韵律悠然，如宫女在拨弄古琴。

石燕洞与幽琴洞彼此遥遥对望，因洞中群居成群石燕而得名。洞内石燕成千上万，形似蝙蝠倒立悬挂于洞壁上，一旦游人惊动，成群结队的石燕便惊飞盘旋争先恐后飞出洞外，嗡嗡之声不绝于耳，别有一番情趣。

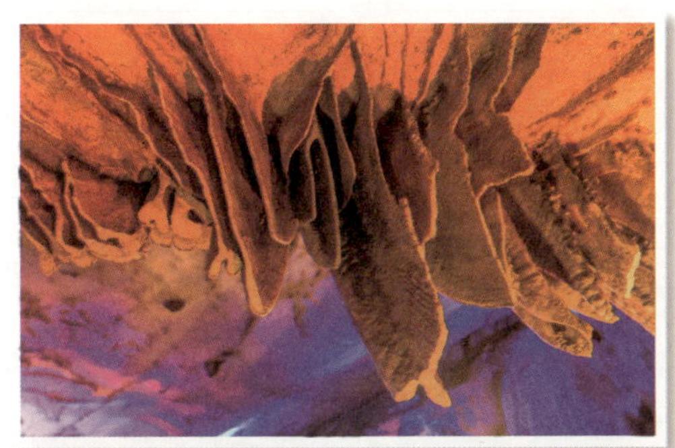

赖源溶洞 2（冠豸山风景区管委会供图）

美食名菜篇

连城客家美食

▪ 王金明

连城客家美食早已声名在外。客家先民从中原数地多次辗转迁徙，最后在连城安居乐业，在长期的生产生产生活中，客家美食得以产生发展，并融入了迁徙地的饮食古味、沿途居住地的饮食遗风和连城当地原住民的饮食习俗，经过千百年来生产生活的实践探索和发明创造，从而形成了连城丰富多彩的饮食体系。

连城客家美食丰富多彩的第一个原因是食材多。民国《连城县志·物产志》记载：谷之属有稻、麦、豆等26种，蔬之属有笋、芋、薯、芥、瓜等40余种，果之属有桃、李、柰、梨、杏等30余种，畜之属有13种，鳞之属18种。丰富的物产是连城美食的基础。连城人靠山吃山，靠水吃水，充分利用当地物质资源，对传统烹调选材、烹调方法、烹调技艺进行改良，创造性地开发适合生存发展和生活改善需要的新食品、新菜肴。

第二个原因是连城客家先民来源地多，涉及省份有江苏、浙江、江西、安徽，还有本省其他很多地方。从中原到江淮再到江南，辗转迁徙多地，除了保留有中州古味外，必然受到沿途居住地饮食的影响，带着各地饮食文化的痕迹。这与我县复杂多变的方言方音、多姿多彩的民俗风情一样，饮食文化也是多元共生、异彩纷呈的。

第三个原因是连城客家人的劳动创造。他们善于学习、勇于开拓，在长期的生产生活实践中，在与亲朋之间的交流中，在与外地饮食的学习比较中，兼收并蓄，改进优选，不断总结和创新，形成了多姿多彩的饮食文化。

下面列举的几道菜品，就体现了如上所述的特点。

连城白鸭 连城白鸭嘴黑，脚乌，全身羽毛洁白。清代《十药神书》记载，连城白鸭治咯血、虚痨等病症，是多种疾病的辅助治疗食品，中医和普通百姓均认为鸭具有清热解毒、滋阴降火、祛痰开窍、宁心安神、开胃健脾功效，广泛用于治疗小儿麻疹、肝火、无名低热高烧和血痢等病症，对癌症患者具有缓解病痛、辅助治疗的作用。清朝道光年间，连城白鸭被列为珍品、贡品。经厦门大学和省农科院中心实验室测定，连城白鸭含有 17 种氨基酸和 10 种人体必需的微量元素，胆固醇含量极低，是“全国唯一药用鸭”。连城白鸭就是利用我县独有的白鸭食材，隔水清蒸而成，肉质滑嫩，汤味清醇鲜爽，深得佳宾喜爱。

捆粄 亦称米粉粄、卷粄，是客家人祖先自北南迁后，因当地不种小麦，无面粉可制春卷，而用大米磨粉制皮代替春卷的一大创造，北风南味，别具特色。连城南部地区，几乎家家会做，人人爱吃。现在捆粄已成为连城名小吃之一。

涮九品 连城传统火锅名菜,源于连南朋口溪流域一带,俗称“涮九门头”，系选用牛身上最精华的九个部位的肉，即牛舌峰、百叶肚、牛心冠、牛肚尖、牛里瘠肉、牛峰肚、牛心血管、牛腰、牛肚壁，经过严格选料，精细刀功，辅以佐料、米酒和数味中草药烹制。此菜鲜嫩脆爽，汤味馨香，有健胃补肾、祛寒去湿的功效，是药膳兼济的佳肴。

明清以来直至 20 世纪 50 年代，新泉每年都有 200 多号人从事水上劳作，40 ～ 50 位船工搞水上航运，近 200 人专事木材的放运。从山区将砍伐的木材通过小溪流一段一段流放至大河，将一根一根的木材钉合成木排，再放运至潮州、汕头。木排工人长期在水上过着艰苦又危险的漂流生活，他们喜欢吃，舍得吃，也懂得吃，吃要吃得经济实惠，吃别人不太敢吃的食品。他们在潮汕看到一些小铺子卖牛百叶肚泡汤，由百叶肚泡汤清爽脆嫩想到牛的其他内脏肯定也能吃。于是以牛内脏为原料的涮、炒“九门头”就应运而生，成为他们常吃的佳肴。过去，山区河谷地带有毒的瘴气多，为了防瘴气的侵袭和预防风湿病，经摸索和实践，将“九门头”配中草药用糯米酒来涮，味道又香甜又脆嫩，不仅可除去内脏的腥味，还能防病治病，滋补强身，经过不断选择加工、调制、品尝，这道菜的内容不断丰富，价值不断提升，从一开始制作比较粗糙到加工逐步精细，从单一加工到药膳兼济，从外表乌黑到剥去黑膜，变得洁白靓亮，终于演变成宴席上的佳肴，进入中国名菜的系列。

四堡漾豆腐 闽西连城客家的特色佳肴，已有300余年的历史，与明清时期四堡的印刷业繁荣有着很大的关系。据说，当时印刷工场的工人日夜劳作十分辛苦，家人就专门烹调出一些清心润胃、滋阴养元的菜肴给他们补身体，漾豆腐就是其中最著名的一个菜。以四堡当地特产的一种“五月黄”豆为原料制成的豆腐，嫩白滑爽，滋味香鲜。福建客家菜四堡漾豆腐就是以四堡产的豆腐为原料制作的。

连城美食中极有特色的是新泉客家美食，其具有以下四个特点：

其一，俭朴自然。古时，新泉地处偏僻山区，自然条件较差。新泉客家人平常的饮食多以谷类和杂粮为主食，配以自种的蔬菜，过着粗茶淡饭的俭朴生活。包粄、捆粄、芋卵粄、豆腐、薯丸等传统小吃，都是本然素淡，原汁原味。后来地方上一些殷实人家、文人墨客、厨艺师为了追求味觉上的享受，在粗疏素淡的基础上，配以精肉、香菇、鱿鱼、鸳鸯脯之类的佐料，使小吃更加上口，成为宴席中必出的佳肴。

其二，重油偏咸。连南客家人每天干的都是重体力活，流汗多，体能消耗大，需要补充盐份。因此，平常饮食或各种喜庆活动的宴席菜肴下油较为厚重，味道也稍偏咸。当地有句俗话“燔（煮）食，油为师傅”，意思是烹制菜肴，油多就是师傅。

其三，多汤清淡。连南客家人平常吃的都是自种的稻米、杂粮、蔬菜及其加工的各类小吃。饮食中常以汤菜为主，叫半汤半饱。不仅如此，在各类宴席中，汤类也占相当大比例，如办喜事，宴席中就有“三汤”。这些汤清淡不腻，既可解酒，又容易填饱肚子，客家人叫“汤多人和顺”。

其四，药膳兼济。元、明、清时期，新泉境内山峦重叠，大多数耕地属山坑田、烂泥田，地气冷，瘴气重，客家人躬耕于垄亩之中，漂泊在急水险滩之上，容易得病，特别是风湿病。为了预防疾病，便在饮食中调制了多种多样的药膳菜肴，如“九门头涮酒”，在酒汤中加入中草药辣薯、牛奶仔根、葳灵仙、沙参、玉竹等，“香焖狗肉”除正常加荜拔、陈皮、姜之外，伏天则加鱼腥草、石膏，冬天加花椒、沙参、茯苓。这些药膳，既富于营养，又香浓味美，不仅能防病治病，而且能起到滋补强身的功效。

现在，连城客家美食已粗具规模，形成了十大名菜、十大名宴、十大名小吃等系列。连城客家美食十大名菜为九门头、溪鱼焖豆腐、连城白鸭、金牌佛手鸡、清焖紫薯、天下第一蛋、猪八品、香辣猪仔肉、客家香肉、特制手抓鸡;连城客家美食十大名宴为白鸭宴、兰花宴、地瓜宴、全鹅宴、豆腐宴、全鸡宴、全羊宴、全鱼宴、全牛宴、全鹿宴;连城客家美食十大名小吃为金包银、软料饼、牛肉兜汤、龙眼酥、捆粄、三色饺、大桥上扁食、珍珠丸、灯盏糕、客家银饺。

部分连城名宴、名菜、名小吃展示

▪ 连城县客家美食协会

连城是中国客家美食名城，在已挖掘开发出的 120 多种独具特色的传统客家美食菜肴和小吃品种中，有 48 种被评为全国名菜，68 种被评为全省名菜。连城美食的知名度不断提升，形成了高品位的美食品牌形象。

中国白鸭宴

注：荣获第十四届中国厨师节中国名宴，主理余生辉（余师傅酒家）。

酒香银腿

热火朝天

鸭肉银饺

翡翠鸭柳

椒盐鸭翅

全菇宴

注：荣获第四届全国海峡客家烹饪大赛中国名宴，主理吴大球（敦香大酒店）。

铁板金针菇

八珍全家福

排骨炖松茸

鸡汤花菇

大骨炖灵芝

菌菇牛肉面

野生红菇炖鸡

云耳白灼鲈鱼

灼皮菇

连城白鸭

注：荣获第十四届中国厨师节特金奖，主理余生辉（余师傅酒家）。

客家紫薯圆

注：荣获首届全国海峡客家烹饪大赛金奖，主理杨燕虎（杨燕虎美食楼）。

真菌爆脆肉

注：荣获第二届全国海峡客家烹饪大赛金奖，主理李宏斌（连城大酒店）。

客家烧大块

注：荣获第二届全国海峡客家烹饪大赛金奖，主理谢贤进（张云珍美食楼）。

白斩鸡

注：荣获第二届全国海峡客家烹饪大赛金奖，主理杨永彩（杨记美食店）。

客家佛手鸡

注：荣获第二届全国海峡客家烹饪大赛金奖，主理周兴思（龙御大酒店）。

如意丸

注：荣获第三届全国海峡客家烹饪大赛金奖，主理杨义亮（醉莲城菜馆）。

客家熏鸭

注：荣获第四届全国海峡客家烹饪大赛金奖，主理罗彬（好客来风味馆）。

九门头

注：荣获中国第十三届厨师节金奖，主理杨铭生（杨铭生涮酒店）。

溪鱼焖豆腐

注：荣获第十三届中国厨师节金奖，主理谢贤进（张云珍美食楼）。

客家煎黄兔

注：荣获第一届全国海峡客家烹饪大赛银奖，主理杨永彩（杨记美食店）。

客家扣肉

注：荣获福建名菜、第二届全国海峡客家烹饪大赛银奖，主理周兴思（龙御大酒店）。

金汤小象蚌

注：荣获第二届全国海峡客家烹饪大赛银奖，主理李宏斌（连城大酒店）。

药膳香鸭

注：荣获第三届全国海峡客家烹饪大赛银奖，主理饶焜荣（微食汇）。

爆炒牛双脆

注：荣获第三届全国海峡客家烹饪大赛银奖，主理饶焜荣（微食汇）。

醉排骨

注：荣获第四届全国海峡客家烹饪大赛银奖，主理李元龙（连城大酒店）。

金香玉

注：荣获第三届全国海峡客家烹饪大赛24道客家代表菜之一，主理杨永彩（杨记美食店）。

溜溜子

注：荣获福建名菜，主理杨铭生（杨铭生涮酒店）。

红运当头

注：客家传统名菜，主理杨义亮（醉莲城菜馆）。

红菇炖鸡

注：客家传统菜，主理邓寿峰（金叶大酒店）。

一家亲

注：创新菜，主理邓寿峰（金叶大酒店）。

两岸亲情豸品连城

注：创新菜，主理杨燕虎（杨燕虎美食楼）。

地理标志篇

连城红心地瓜干

■ 连城县市场监督管理局

连城红心地瓜干是著名的闽西八大干之一，历史悠久、驰名中外，迄今已有 300 多年历史。早在清朝乾隆年间，连城红心地瓜干已成为宫廷贡品，取名为“金薯片”。

连城红心地瓜干产品有地瓜片、地瓜条、地瓜仔、地瓜干蜜饯、香酥地瓜干、软糖系列地瓜干、低温油炸地瓜干等 9 个系列 30 多个品种，精选连城红心地瓜为主要原料，采用传统加工技术精制而成。产品保留自然色泽和品质，色泽红润，气味香甘，质地松软耐嚼，富含膳食纤维、赖氨酸、粗蛋白、钙质和胡萝卜素 C、D 等多种营养物质，有润肠排泄、解热健胃之功。它既可以当茶点、零食，也可以加入佐料再加工成为酒席佐菜，对人体具有多种保健功能。

商标注册证

连城

核定使用商品(第 29 类)

注 册 人

注册地址

注册有效期限

局长签发

商标局

连城红心地瓜干商标注册证
（连城县市场监督管理局供图）

连城红心地瓜与其他地方所产地瓜相比，有自己特定的生长环境：连城县土壤主要是紫区岩、沙质岩、泥质岩等成土母质形成，耕层较深厚，水耕熟化时间长，通气、保温、散温及排灌条件好。紫色

连城地瓜干（连城县市场监督管理局供图）

土、紫泥田土壤阳离子代换量高，阳离子组成中富有钙、镁元素；同时，土体吸热散热快，昼夜温差大，黏性重，具有良好的保肥蓄肥能力；且钙、镁元素都是植物组成成分之一，钙离子对促进植物体内蛋白质的形成有良好的影响，镁能促进单糖合成蔗糖，还能促进植物体内维生素 A 和维生素 C 的形成，对提高连城红心地瓜干品质有很好的作用，所以用连城红心地瓜加工而成的地瓜干产品，具有特有的优良品质。

连城红心地瓜干与其他地方所产地瓜干相比，其品质的特异性主要表现在：(1) 产品无须添加任何色素，呈现固有的鲜艳橘红色；(2) 产品无须添加任何香精，而能有甘薯特有的浓郁的香甜味；(3) 产品质地柔软细腻，有很好的韧性；(4) 产品经久耐储，长时间储存后（保质期内），品质不会迅速恶化，仍保持原有的色香味，口感较好。

连城兰花

■ 连城县市场监督管理局

连城兰花 1

连城兰花 2（连城县市场监督管理局供图）

连城是闻名中外的福建兰花的主产区和发祥地之一，兰花资源十分丰富，品质优良，名冠八闽。

连城种养兰花历史悠久，民间有句俗语流传：“宁可出门不提篮，不可家中不栽兰。”意思是说，吃的可以节俭些，但兰花不能不种几盆。

连城植兰自宋始，以朋口镇桂花村最为有名，百余户人家几乎家家种兰。清代康乾年间，就有人养兰远销粤、赣等省。如今以朋口为中心以及周边乡镇的群众，利用当地独特的自然条件和得天独厚的环境优势，家家户户都有着种养兰花的优良传统。

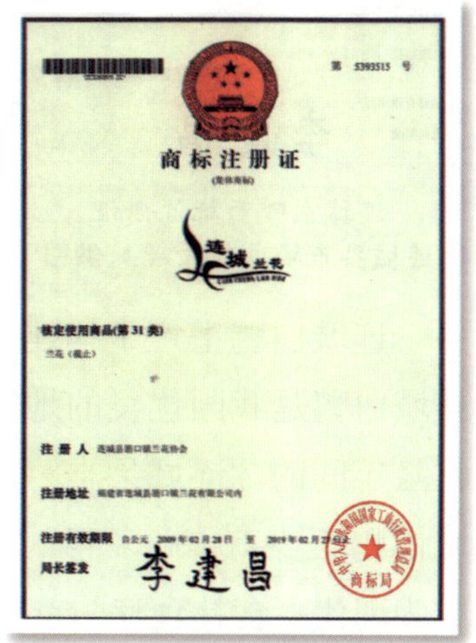

第 5393515 号

商标注册证

核定使用商品(第31类)

注册人

注册地址

注册有效期限 2009年02月28日 至 2019年02月

局长签发 李建昌

商标局

连城兰花商标注册证（连城县市场监督管理局供图）

目前，以福建连城兰花股份有限公司为龙头，周边区域兰花爱好者相继加入种植行列，种植兰花成为脱贫致富的有效项目之一。全县有 4200 多户兰农投身到兰花种植行业中，种植面积达 4400 亩，品种增加到 1100 多个，年产兰花上千万株，年产值超 5 亿元。产品出口韩国、日本、马来西亚等地。

连城白鸭

▪ 连城县市场监督管理局

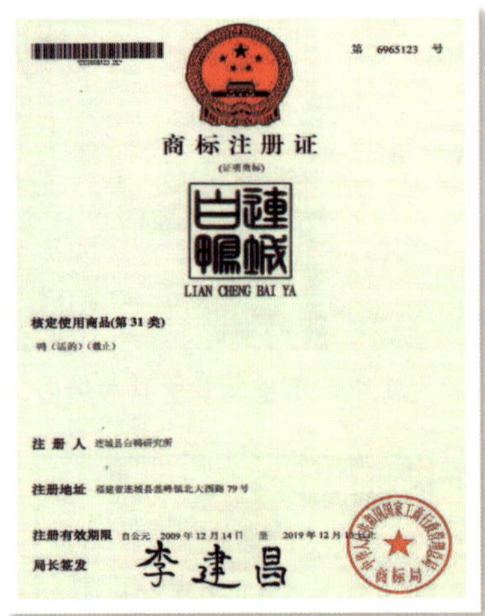
第 6965123 号

商标注册证

(证明商标)

LIAN CHENG BAI YA

核定使用商品(第 31 类)

鸭(活的)(截止)

注 册 人 连城县白鸭研究所

注册地址 福建省连城县莲峰镇北大西路 79 号

注册有效期限 自公元 2009 年 12 月 14 日 至 2019 年 12 月 13 日止

局长签发 李建昌

连城白鸭商标注册证
（连城县市场监督管理局供图）

连城白鸭（连城县市场监督管理局供图）

连城白鸭主产于福建省连城县，连城也被命名为“中国连城白鸭之乡”。连城白鸭是我国优良的地方家禽品种，是我国稀有的地方种质资源。在清朝乾隆年间的《连城县志》物产篇就有记载，在道光时期就列为贡品，因此连城白鸭至少有 200 多年的历史。连城白鸭肉质细嫩，味道鲜美，含脂率低，成为现代人食补食疗的首选佳品。连城白鸭不仅可做膳食，还具有清热解毒、祛痰开窍、滋阴补肾、宁心安神、开胃健脾等药用价值，经中国禽业协会认定，连城白鸭为“鸭类中的国粹”“全国唯一具有药用和保健功效的鸭种”，2000 年被农业部列入国家级畜禽资源保护名录，成为 8 种国家级鸭类资源保护品种之一。数百年来，连城白鸭以其特殊性一直被视为鸭中珍品。

连城白鸭作为全国稀有的地方特色鸭种，深受人们珍爱。

连城（文亨）红衣花生

■ 连城县农创园管委会

红衣花生有健胃养颜、补血止血、降压抗衰老以及生发、乌发的功效。中医认为，“发者血之余”，脱发、白发是因为血亏，使发不得滋养所致。而花生红衣养血、补血，能使人的头发更加乌黑亮丽。西医认为，花生红衣能抑制纤维蛋白的溶解，增加血小板的含量，改善血小板的质量，弥补凝血因子的缺陷，加强毛细血管的收缩机能，促进骨髓造血机能，所以对各种出血及出血引起的贫血、再生障碍性贫血等疾病有明显效果。

文亨红衣花生的种植历史悠久，造就了连城文亨乡当地独特的民俗风情，也融合了连城文亨源远流长的人文历史，可以说红衣花生已经成了当地群众日常生活中滋补身体、喜庆家宴、接待客人、走亲访友受人喜爱的佳品。

红衣花生果实（连城县农创园管委会供图）

如今，连城县红衣花生的种植规模已经初步形成了以文亨（蓆湖营）为中心的种植区，辐射周边15个乡镇、156个行政村，区域面积达5万亩，年总产量近1万吨，已成为连城特色农业向产业化发展的主要农产品之一。

核准登记产品全称：文亨红衣花生

产品生产总规模：3333公顷，10000吨/年

文亨红衣花生
地理标志产品证书

商标注册证

（集体商标）

注册人

注册人地址

注册日期　　　有效期至

局长　　　发证机关

商标局

连城红衣花生商标注册证
（连城县农创园管委会供图）

宣和雪薯

■ 连城县农创园管委会

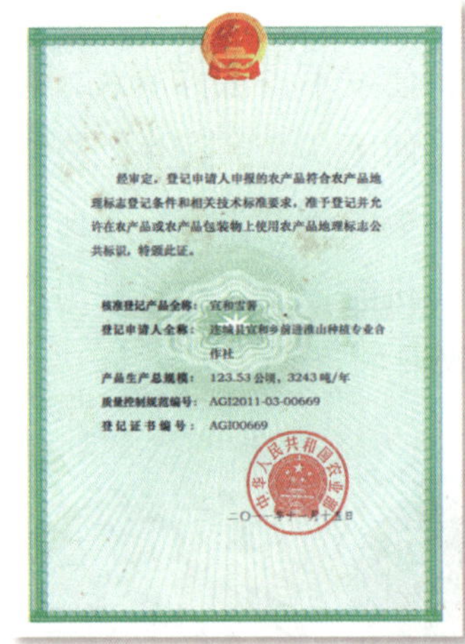

经审定，登记申请人申报的农产品符合农产品地理标志登记条件和相关技术标准要求，准予登记并允许在农产品或农产品包装物上使用农产品地理标志公共标识，特颁此证。

核准登记产品全称：宣和雪薯

登记申请人全称：连城县宣和乡前进淮山种植专业合作社

产品生产总规模：123.53 公顷，3243 吨/年

质量控制规范编号：AGI2011-03-00669

登记证书编号：AGI00669

中华人民共和国农业部

二〇一一年十一月十五日

宣和雪薯地理标志产品证书（连城县农创园管委会供图）

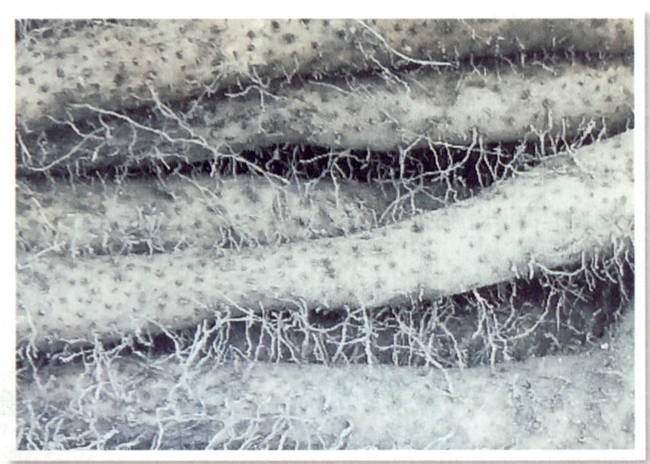

宣和雪薯（连城县农创园管委会供图）

宣和雪薯的种植历史可谓源远流长，在当地种植已有 800 多年历史。时至今日，宣和雪薯在宣和乡的种植规模已经初步形成，有以前进、培田村为代表的 13 个行政村种植，已成为连城县宣和乡农业产业化和本地特色化发展的一个名、特、优地方品牌。

宣和雪薯营养丰富，含有淀粉酶、多酚氧化酶等物质，有利于脾胃消化吸收，是一味平补脾胃的药食同源之佳品，与中药淮山同性，不论脾阳亏还是胃阴虚，皆可食用，自古以来就被视为物美价廉的滋补佳品。由于连城宣和雪薯是药食合一极品，当地的许多美味佳肴都离不开宣和雪薯，深受人们喜爱。

宣和雪薯具有预防心血管系统脂肪沉积，防止脂肪肝的发生和健脾、补肾、益精等多种功效，常食用可使身体健康长寿，是现代人比较喜好的大众保健滋补食品。

冠豸山铁皮石斛

■ 连城县林业局

冠豸山铁皮石斛组图（连城县林业局供图）

冠豸山铁皮石斛是一种名贵珍稀的中药材，具有利咽、明目、厚肠胃、强阴、增强免疫力等多种治疗、保健功效。野生冠豸山铁皮石斛历史悠久，早在清乾隆十六年（1751）的《连城县志》便有记载。近年来，由于野生冠豸山铁皮石斛资源逐渐枯竭，连城建立了以冠豸山为中心的 250 平方公里铁皮石斛种质资源保护核心区域，禁止采摘野生铁皮石斛。连城与省农科院、省中医药大学等科研院校开展合作，突破了冠豸山铁皮石斛人工扩繁栽培关键技术，采用野生冠豸山铁皮石斛为种源，模拟野生铁皮石斛的自然生长环境，在冠豸山下的文亨、揭乐等乡镇建立全省最大的铁皮石斛生产基地。目前，全县共发展铁皮石斛种植面积 2300 多亩，鲜品年产量 920 吨，年产值达 2 亿元。

经审定，登记申请人申报的农产品符合农产品地理标志登记条件和相关技术标准要求，准予登记并允许在农产品或农产品包装物上使用农产品地理标志公共标识，特颁此证。

核准登记产品全称：冠豸山铁皮石斛
登记申请人全称：连城县经济作物技术推广站
产品生产总规模：153 公顷，920 吨/年
质量控制规范编号：AGI2013-03-1293
登记证书编号：AGI01293

农业部
2013 年 12 月 30 日

冠豸山铁皮石斛地理标志产品证书（连城县林业局供图）

连城慈菇

■ 连城县市场监督管理局

连城慈菇是生长在水田里的多年生挺水植物，属无公害绿色保健食品中的上等珍品。连城慈菇呈扁圆形，肉质较坚实，皮和肉均呈黄白色，含丰富淀粉，稍有苦味，风味独特，是春节期间应节的上佳品种。连城慈菇不仅能够充饥，还有很高的药用价值。《本草纲目》称其能“达肾气、健脾胃、止泻痢、化痰、润皮毛”。慈菇主要成分为淀粉、蛋白质和多种维生素，富含铁、钙、锌、磷、硼等多种活性物所需的微量元素，对人体肌能有调节促进作用，能解百毒，也是美容养颜的珍品。

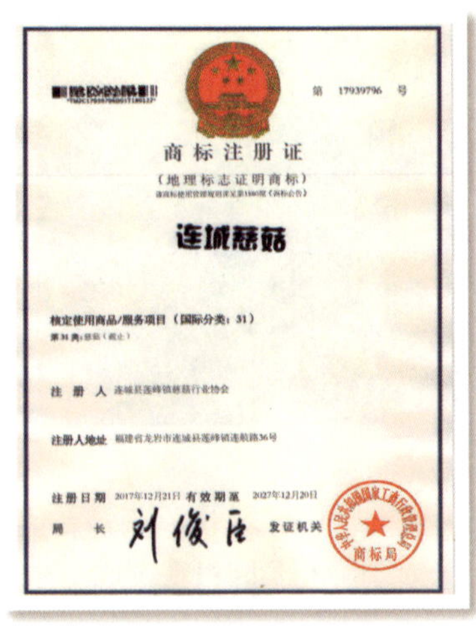

第 17939796 号

商标注册证

（地理标志证明商标）

连城慈菇

核定使用商品/服务项目（国际分类：31）

注册人 连城县莲峰镇慈菇行业协会

注册人地址 福建省龙岩市连城县莲峰镇连航路36号

注册日期 2017年12月21日 有效期至 2027年12月20日

局长 刘俊臣 发证机关 中华人民共和国国家工商行政管理总局商标局

连城慈菇商标注册证
（连城县市场监督管理局供图）

从明朝开始，连城各家各户每年都有种植慈菇，由于连城慈菇的生长习性严禁干旱，所以在 20 世纪旱灾严重时曾经中断种植，直到 20 世纪 90 年代初才陆续又有种植，慢慢发展到现在的大规模种植。连城慈菇的适应能力较强，可作为水边、岸边的绿化材料，也可以作为盆栽观赏。现在，连城慈菇更多的是用于膳食领域。

连城慈菇（连城县市场监督管理局供图）

连史纸

■ 连城县市场监督管理局

清乾隆十六年（1751）《连城县志》记载："纸以竹穰为之……又有连史、官边、烟纸、夹板等纸。"此为我国最早记载连史纸名称的史料。

"连史纸"纸号业创立于1897年，如今已有100多年的历史。连史纸采用嫩竹做原料，碱法蒸煮，漂白制浆，手工竹帘抄造，有72道工艺，道道精湛。纸白如玉，厚薄均匀，永不变色，防虫耐热，着墨鲜明，吸水易干，书写、图画均宜，素有"纸寿千年"的美誉。连史纸不仅薄，而且具有很好的韧性和吸水性，表面细腻光滑，所以常用于篆刻创作时书写印稿及上石、篆刻作品钤印留存、拓制边款以及族谱志书等古籍修复，是篆刻爱好者必备之物。

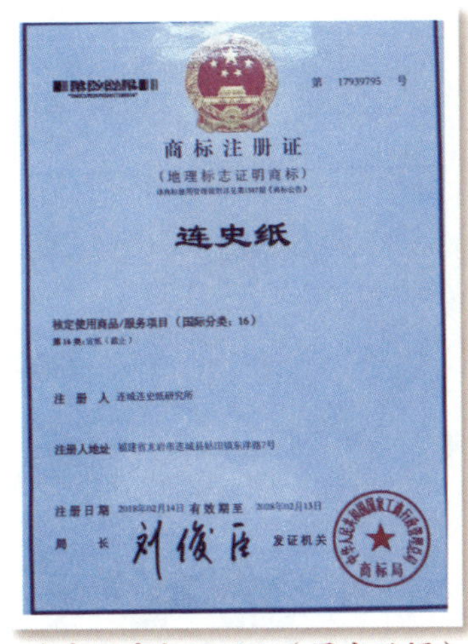

第 17939795 号

商标注册证

（地理标志证明商标）

连史纸

核定使用商品/服务项目（国际分类：16）

注 册 人 连城连史纸研究所

注册人地址 福建省龙岩市连城县姑田镇东洋路7号

注册日期 2018年02月14日 有效期至 2028年02月13日

局 长 刘俊臣 发证机关

商标局

连史纸商标注册证（周宗胜摄）

连史纸（周宗胜摄）

价值连城　造福连城

■ 林百坤

《连城客家武艺文化》出版后，县客家研究联谊会就拟编写《连城客家品牌文化》一书，我们将这一意向在常务理事会上进行了讨论，并听取了在连城客家文化研究方面颇有建树的专家的意见，召开了有关单位、有关人员参加的征稿工作座谈会，确定了征集的内容范围和全书的架构。在此基础上，经过一年来诸多同行的共同努力，成效初显，书籍正式出版了。

《连城客家品牌文化》共分六篇，分别为魅力连城篇、名镇名村篇、文物“非遗”篇、山水名胜篇、美食名菜篇和地理标志篇。魅力连城篇介绍了连城获得的全国性荣誉美称，是连城名片的集中展示；名镇名村篇收入了中国历史文化名村和福建省历史文化名镇（村）的内容，从村镇的视角展现连城的历史文化风貌;文物“非遗”篇是对省级以上文物保护单位、省级以上非物质文化遗产项目的介绍，显示了连城的文脉传承；山水名胜篇涵盖了世界 A 级自然保护区、国家 AAAA 级旅游景区、国家地质公园的内容，以此展现连城的好山好水；美食名菜篇推出部分名宴、名菜、名小吃，向人们展示“中国客家美食名城”的美味佳肴；地理标志篇把获得地理标志保护、地理标志证明商标（集体商标）及农产品地理标志的产品逐一介绍，体现了独特的自然生态环境和人文历史因素作用下的产品品质和特色。

连城山水养育了一方人民，连城人民丰富了客家文化。千百年来，连城人民通过辛勤劳动，发挥聪明才智，创造了许许多多的劳动成果，形成了一大批享誉全国的品牌。奉献出这一个个品牌的连城人民，犹如丹青妙手，描绘出一幅幅“价值连城”的精美画卷。

山水连城，价值连城。这里山明水秀，百态千姿。全县森林覆盖率达81.48%，位居全省第二、全市第一，来到连城，你就来到了天然氧吧。汀江、九龙江、闽江发源于此，泽润万物生灵。世界A级自然保护区——梅花山，层林叠翠，绿海无边，被专家誉为“北回归线上的绿色翡翠”。国家重点风景名胜区——冠豸山，是国家AAAA级旅游景区、国家地质公园和国家自然遗产，它集山、水、岩、泉、寺为一体，呈雄、奇、幽、秀、绝之大美。连城有6个地热区，日出水量达2.2万吨，其中最具代表性的天一温泉，以客家文化为主题，是国家AAAA级旅游景区、龙岩首家五星级宾馆。

美食连城，价值连城。这里味美八方，香飘四海。连城美食取材于自然，保持了中原传统饮食的精华，同时吸收了南迁过程中迁徙地的饮食文化，又与原土著居民饮食杂糅，逐渐融合，经过优选创新，逐渐形成了自己的饮食文化体系。连城汤的首张名片连城白鸭，在清代的《十药神书》中就有辅助治疗多种疾病的记载，还被列为珍品、贡品，是全国唯一药用鸭，深得大众喜爱。炒“九门头”，鲜、香、脆、嫩，号称“一盘九脆”，“每箸都有新品味”。连城现已推出120多种独具特色的传统客家美食菜肴和小吃品种。其中有48种被评为全国名菜，68种被评为全省名菜。2006年，连城县被中国饭店协会授予“中国客家美食名城”称号。

物产连城，价值连城。这里物产丰富，特色明显。民国县志记述，谷之属有稻、麦、豆等26种，蔬之属有笋、芋、薯、芥、瓜等40余种，果之属有桃、李、萘、梨、杏等30余种，畜之属有13种，鳞之属有18种等。连城红心地瓜干、连城白鸭、连城兰花、连城慈姑、连城（文亨）红衣花生、宣和雪薯、冠豸山铁皮石斛、连史纸等，具有鲜明的地方特色，被列为地理标志保护产品。

文化连城，价值连城。这里遗存丰富，底蕴深厚，既传承了中原遗风，又有连城客家人的追求和创新。

——连城有3个中国历史文化名村、4个福建省历史文化名镇（村），反映了连城乡村的历史价值和风貌特色。以培田村为例，这个中国十大最美村镇之一、国家AAAA级旅游景区，由30幢“九厅十八井”形式的高堂华屋、21 座祠堂、6 家书院、1 条千米古街、2 座跨街牌坊组成，被誉为“客家庄园”“人间故宫”。

——连城有全国重点文物保护单位 5 处 85 个点，省级文物保护单位 12 处 67 个点，全国重点文物保护单位数居全省全市前列。这 152 个点大多是古建筑和近现代重要史迹，是承载连城历史与文化的最具象载体，是连城历史发展的见证。以四堡书坊建筑群为例，它是明清时期中国四大雕版印刷基地之一，是目前世界上唯一幸存且保存较为完好的雕版印刷文化遗址。鼎盛时期，四堡有书坊近 300 家，刊印的《金瓶梅》《红楼梦》等书籍共 9 大类 667 种，这些书籍行销全国 13 个省 150 多个县市以及东南亚国家和地区。

——连城拥有 7 项国家级非物质文化遗产项目、6 项省级非物质文化遗产项目，项目之多属龙岩市之最，涵盖了体育、艺术、节庆、传统技艺等方面。“十番音乐”古韵悠扬，“连城拳”独树一帜，“姑田游大龙”载入吉尼斯世界纪录，四堡雕版印刷术开了活字印刷技术的先河。

——连城客家民俗多姿多彩，走古事、游大龙、犁春牛、烧炮、花灯、游大粽、游公太等数十种客家民俗活动传承至今。从新春到年关，从县城到乡村，绚丽夺目的节庆民俗犹如奇葩盛开，展现出独特的文化魅力和鲜明的地域特色。不少专家学者认为，连城是客家民俗文化活动保存得最为完好的地区之一，堪称“客家民俗活动的大观园”。2014 年，连城县被中国民间文艺家协会授予“中国客家民俗文化之乡”称号。

——连城是一块红色热土，红色文化熠熠生辉。毛泽东 1929 年 12 月主持的红四军新泉整训，既是我党建军史上具有重大意义的一次民主整军运动，也是中国工农红军乃至人民军队第一次正规的军政整训。新泉整训是古田会议的重要筹备阶段，为古田会议的召开做了重要的思想准备和文字准备。1934 年 8 月打响的松毛岭战役，是长征前红军在闽的最后一战。这一战异常惨烈，万余名红军战士身死松毛岭，为中央红军战略大转移赢得宝贵时间。

此外，连城方言风韵独特，全县可分为 6 个小方言片区，显得复杂多变，十里不同音、百里不同俗；“中国兰花文化之乡”花落连城；等等。这些都体现出文化连城的灿烂多姿。

魅力连城，价值连城。这里钟灵毓秀，人杰地灵。千百年来，从客家先祖到现今民众，都在这片土地上发挥聪明才智，留下了壮美的诗篇。“中国红心地瓜干之乡”“中国连城白鸭之乡”“中国优秀旅游县”“中国文化旅游大县”“中国兰花文化之乡”“中国客家民俗文化之乡”“中国客家硒都”“中国客家美食名城”“中国温泉之城”“全国双拥模范县”“全国武术之乡”等闪光的名片，向人们彰显连城的活力，从而生发出无限的魅力，吸引着四海宾朋云集连城。2018 年，全县接待游客 1093.6 万人次，在展示山水风光的同时，扩大了连城的影响；2009 年 9 月 28 日，第二届中国 • 连城地瓜产业发展大会在我县举行，吸引了全国各地地瓜产业 500 多名专家、客商来到连城，共商地瓜产业发展大计；2019 年 10 月 26 日，第五届全国海峡客家烹饪大赛在连城火热进行，来自台湾、广东、江西、广西、湖南、福建等海峡两岸的 34 支代表队 119 位客家名厨同台竞技，向 380 多位海内外嘉宾献上一场美食盛宴。

山水连城、美食连城、物产连城、文化连城、魅力连城，共同组成了连城客家文化的宏伟篇章，彰显出连城客家品牌文化的魅力。一代代连城客家人在这里凝心聚力，砥砺前行，寄托着向往美好生活的梦想，抒发出爱国爱乡的情怀，积淀起丰厚的文化底蕴，体现了崇高的价值追求。编辑出版《连城客家品牌文化》，目的就是挖掘整理这些资源，向人们展现连城的山水人文，展示连城客家人的勤劳智慧，以及坚持不懈的价值追求和与时俱进的精神风貌，进一步弘扬客家优良传统，为服务“美丽连城、创业连城、幸福连城”的建设贡献力量。

本书在编写过程中，得到了县四套班子领导的重视关心，得到了县交通运输局蒋文平局长、县文体旅游局傅晓冬局长及相关单位、部门的大力支持，得到了热心连城客家文化研究的人士的精心指导，得到了一大批有识之士的热情帮助，在此一并致谢。

限于编者的水平，书中难免存在不足，也肯定会有所遗漏，恳请读者海涵。

2019 年 11 月